DE L'ABVS DES NVDITEZ DE GORGE.

SECONDE EDITION.

Reveuë, corrigée, & augmentée.

Iouxte la Copie imprimée à Bruxelles.

A PARIS,

Chez J. DE LAIZE-DE-BRESCHE,

ruë S. Jacques, devant S. Benoiſt,

à l'Image S. Joſeph.

M. DC. LXXVII.

L'IMPRIMEVR AU LECTEUR.

JE me crois obligé de vous avertir, mon cher Lecteur, que ce petit Livre est l'effet du zele & de la pieté d'un Gentilhomme François, qui passant par la Flandre, & voyant que la pluspart des femmes y ont la gorge & les épaules nuës, & approchent en cet estat du Tribunal de la Penitence, & mesme de la sainte Table : Témoigna qu'il estoit fort scandalisé de cette coûtume, & promit d'envoyer un Ecrit dans ce Pays, qui en feroit voir l'abus & le dereglement. Il a tenu sa parole ; & cet Ecrit estant tombé entre mes mains, je me suis resolu de le donner au public tel que je l'ay receu, en attendant qu'on le traduise en nostre Langue. Peut-estre ne sera-t-il pas moins utile pour la France que pour la Flandre ; & je suis persuadé qu'il sera par tout approuvé des personnes de science & de vertu.

APPROBATION
des Docteurs.

NOus fouffignez Docteurs en Theologie de la Faculté de Louvain, certifions avoir leu un Livre intitulé, *l'Abus des nuditez de gorge*, compofé par M***** dans lequel nous n'avons rien trouvé de contraire à la Foy ny aux bonnes mœurs. Fait à Bruxelles, ce dix-huitiéme jour de Mars mil fix cens foixante & quinze.

J. MONS. J. ROUSSEL. G. FAGET.

DISCOURS
DE
L'ABUS DES NUDITEZ
DE GORGE.
Divisé en deux Parties.

PREMIERE PARTIE.

Que les nuditez de la gorge & des épaules, sont blamables & nuisibles.

I.

IL suffit que le monde souffre & approuve une chose, pour pouvoir conclure qu'un Chrestien doit l'éviter & la condamner: Car qui ne sçait que le monde est l'ennemy irreconciliable de Jesus Christ, & que ses sentimens sont si opposez à ses maximes, qu'il est impossible d'observer les loix de l'un sans violer celles de l'autre? Et comme le Chrestien ne doit estre animé que de l'Esprit de Jesus-Christ, & que le monde suit toûjours l'esprit du Demon, il est évident que les Chre-

A

ſtiens doivent fuir ce que le monde recherche, blâmer ce qu'il autoriſe, & avoir de l'averſion pour ce qu'il aime.

II.

Nous voyons par une funeſte experience, que le monde approuve les nuditez en la perſonne des femmes, nous pouvons donc hardiment les deſapprouver, ou plûtoſt nous devons les condamner, & nous oppoſer avec d'autant plus de zele à cet abus criminel, qu'il eſt appuyé par un long uſage, & qu'il a paſſé en coûtume. En effet, ce mal eſt ſi grand & ſi contagieux, qu'il eſt devenu commun preſque à toutes les femmes & à toutes les filles de toutes ſortes de conditions, & qu'il a, pour ainſi dire, répandu ſon venin en toutes ſortes de lieux.

III.

Ce n'eſt pas ſeulement dans les maiſons particulieres, dans les Bals, dans les ruelles, dans les promenades, que les femmes y paroiſſent la gorge nuë, il y en a qui par une temerité effroyable viennent inſulter à Jeſus-Chriſt juſqu'au pied des Autels: Et comme ſi le Demon ſe vouloit ſervir d'elles,

non seulement pour prophaner la sainteté des Eglises ; mais pour en violer
l'immunité : elles y viennent blesser
les yeux des plus innocens & des plus
justes, & donner la mort à ceux qui
sont encore foibles & chancelans dans
la vertu. Les hommes se retirent dans
les Temples, comme dans des aziles où
Satan n'ose presque les attaquer, & où
bien souvent il ne peut les vaincre ;
mais ce qu'il ne peut faire par luy-
mesme, il le fait par les femmes qu'il
y conduit, & qui par la nudité hon-
teuse de leur gorge, de leurs bras, de
leurs épaules, attaquent, blessent, &
vainquent ceux qui croyoient estre en
seureté, & font ainsi triompher le Demon dans les lieux mesmes destinez
au triomphe de Jesus-Christ.

I V.

Les Tribunaux mesme de la Penitence, qui devroient estre arrosez des
larmes de ces femmes mondaines,
sont prophanez par leur nudité : & les
Anges qui assistent avec respect & avec
crainte à la sainte Table, fremissent
d'indignation & d'horreur, voyant
qu'elles y vont avec une posture non

feulement immodefte ; mais quelquesfois impudente & lafcive.

V.

Je ne m'étonne pas que le monde
applaudiſſe à ce defordre, puifqu'il en
eſt l'auteur ; mais je ne puis concevoir
comment les gens de bien demeurent
dans le filence, & fouffrent cette abo-
mination fans parler & fans fe plaindre, comme s'ils eſtoient fans voix &
fans pieté ? Ne diroit-on pas qu'il y a
une defenfe publique de fe fcandalifer
de ces objets indécens, ou que l'on
croit que noſtre Dieu n'eſt pas plus
clairvoyant que les fauſſes divinitez
des Payens, qui avoient des yeux, &
ne voyoient pas ceux qui venoient les
adorer dans leurs Temples. Où en
fommes-nous ! & qu'efperons. nous
de noſtre filence & de noſtre lacheté !
Puifque nous connoiſſons la grandeur
du mal, pourquoy n'etâchons-nous
pas d'y apporter du remede ?

V I.

S'il eſt vray, comme on n'en ſçau-
roit douter, qu'une femme modeſte
eſt également agreable à Dieu & aux
hommes ; il n'eſt pas moins certain

qu'une femme fans modeſtie, doit déplaire aux hommes comme elle dé-
plaiſt à Dieu. Ou pour parler le langage de l'Ecriture, s'il eſt vray que
c'eſt grace fur grace qu'une femme
modeſtement veſtuë, qui donne des
marques de ſa ſainteté par ſa pudeur,
il eſt indubitable que c'eſt crime fur
crime, qu'une femme veſtuë à la mondaine, qui fait douter de ſon innocence par ſa nudité ; c'eſt un crime, parce
qu'elle peche contre la pudeur, c'eſt
un double crime, parce qu'elle fait pecher contre la pureté, & qu'en meſme
temps qu'elle ſe rend coupable, elle
travaille avec le Demon à faire des criminels. **VII.**

L'Apoſtre ſaint Paul avoit préveu
tous ces maux : & pour y remedier, il
ordonna que les femmes ne paruſſent
dans les Egliſes qu'avec des habits
modeſtes, ornées de pudeur & de chaſteté, non pas d'or & de pierres pre-
cieuſes : telles que doivent eſtre des
femmes Chreſtiennes, dont les veſte-
mens meſme font reconnoiſtre la pieté, & dont le port & la démarche ſont
une preuve, ou du moins une marque

aut mar-
garitis
vel veste
pretiosâ:
sed quod
decet mu-
lieres, pro
mittentes
pietatem
per opera
bona.

*Chrisost.
in cap.* 2.
1. *ad Tim.*

de la sainteté de leurs actions. Sans doute, les femmes devroient s'étudier à suivre exactement ce conseil de l'Apostre, & les hommes devroient faire leurs efforts pour le faire observer, puisqu'il n'est pas moins utile aux uns qu'aux autres. Cependant, les femmes le violent sans scrupule, & les hommes le voyent violer sans émotion.

VIII.

Tachons du moins d'imiter le zele de saint Jean Chrisostome : & si nous ne pouvons empescher ce déreglement, efforçons-nous avec luy, de faire connoistre à ces femmes quelle est la grandeur de leur faute quand elles viennent dans l'Eglise avec des habits indecens ; &, si je l'ose dire, comme à demies nuës. Venez-vous dans la Maison de Dieu comme au bal, leur dit ce grand homme ? Venez-vous dans le Sanctuaire pour y faire des conquestes, & pour y satisfaire vostre sensualité ? Y venez-vous pour attaquer Dieu ou les hommes ? Et ne songez-vous pas que vous y serez portées dans un cercueil pour y servir de pâture aux vers ? Et certes, cette pompe, cette moleſſe, cette nudité affectée, ont-elles du rapport à l'état de ſuppliantes & de criminelles? Conviennent-elles à des perſonnes qui doivent demander miſericorde? Et ſont-ce là de bonnes diſpoſitions pour pleurer ſes pechez, & pour en obtenir le pardon?

IX.

Revenez-donc de voſtre aveuglement, ô femmes mondaines! eſclaves du ſiecle, idolatres de la vanité. Souvenez-vous que Satan eſt le Prince du monde, & que vous devenez ſes ſubjetes à meſure que vous vous conformez aux maximes que le monde vous propoſe, & que vous ſuivez les abus qu'il a introduits. Hé quoy! la ſeule magnificence de vos habits, & la ſeule ſuperfluité de vos ornemens, ont fait gemir tous les Saints qui en ont eſté les témoins: Que diroient-ils maintenant, s'ils voyoient que toute cette pompe n'aboutit pas ſeulement à flatter voſtre vanité & voſtre orgueil; mais encore à favoriſer l'impureté, & à inſpirer à ceux qui vous regardent des deſirs illicites, & des penſées ſenſuelles. Faut-il faire tant de dépense pour couvrir son corps, & cependant le laisser à demy-nû! N'est ce pas l'offrir en quelque sorte aux hommes du siecle, que de l'exposer ainsi à leurs yeux & à leur concupiscence!

X.

En effet, ne doivent-elles pas apprehender qu'on leur reproche d'aimer trop le monde, & de souhaiter avec trop d'ardeur d'en estre aimées : Que ne font-elles point pour luy plaire? Elles consument les biens de la fortune, & perdent les biens de la grace : Et quand par leur pompe & par leur immodestie elles sollicitent les libertins à les regarder, ne peut-on pas dire qu'elles deviennent semblables à cette femme dont parle Ezechiel, qui tachoit par ses soins & par ses richesses d'acquerir l'amitié de ceux qui la regardoient : Et s'il m'est permis de me servir de ces termes pour exprimer la pensée de ce Prophete, qui achetoit sa prostitution au lieu que les autres la vendent.   XI.

Songez, songez, que dans vostre Baptême vous avez renoncé aux pom-

Ezec c 16. Omnibus meretricibus dā- tur mercedes : tu autem dedisti mercedes cunctis amatoribus tuis, &c.

pes & aux vanitez du monde; & faites
réflexion que par vos ornemens inutiles & vos nuditez honteuses, vous pra-
tiquez ce que le monde enseigne de
plus dangereux & de plus impie. Helas ! ne le croyez point, c'est un trom-
peur qui ne tâche qu'à vous seduire, &
qui ne peut jamais vous rendre heureuses ny contentes, quelque promesse
qu'il vous fasse. Vous ne devez point
faire alliance avec luy, puisqu'il est vôtre ennemy, & le rival de vostre Dieu.
Et si vous estes assez foibles & assez
malheureuses pour consentir à ce qu'il
demande de vous, contre vous-mes-
mes, si vous ne pouvez vous resoudre à quitter entierement vostre luxe,
& à couvrir vostre nudité, faites du
moins quelque difference entre la maison du Seigneur, qui est consacrée par
la celebration de nos Mysteres, & celles qui sont prophanées par le libertinage du siecle ; entre les lieux destinez
à la priere & à la penitence, & les lieux
propres au divertissement & à la joye.
Pourquoy voulez-vous étendre l'Em-
pire du Prince du monde, au delà des
bornes qu'on luy a prescrites : Il ne

peut avoir de jurifdiction que fur *les
lieux prophanes*, & par voftre immodeftie vous le faites regner mefme
dans les lieux faints. Apprenez que
voftre nudité devient une efpece de
facrilege dans les Eglifes, fi elle n'eft
ailleurs qu'un fimple peché : & n'ou-
bliez pas qu'elle attire fur vous un
double châtiment, puifqu'elle y mé-
prife ou outrage ouvertement le Seigneur, en mefme temps qu'elle fcan-
dalife ou feduit les hommes.

XII.

Qui ne fçait que Dieu eft jaloux du
refpect qu'on doit avoir pour fes Temples, & que le zele de fa Maifon dont il
eft comme devoré, dit le Prophete, ne
luy permet pas de laiffer fans punition ceux qui la prophanent. De quelle feverité n'ufa t-il point contre ceux
qui faifoient un trafic legitime dans le
Temple de Jerufalem, & qui vendoiét
des animaux pour eftre employez aux
Sacrifices ? Et quel châtiment ne doivent pas attendre ces femmes mondaines, lefquelles bien loin de contribuer au Sacrifice, & de favorifer le zele de ceux qui viennent offrir leurs

vœux à Dieu , comme faifoient les Marchands que Jefus-Chrift chaffa du Temple , deshonorent le plus augufte de tous les Sacrifices , & détournent ou corrompent l'intention de ceux qui y affiftent , & quelquesfois de ceux-là mefmes qui le celebrent ; lefquelles étalent toute leur beauté dans les Eglifes d'une maniere fi criminelle, qu'elles font une efpece de commerce d'impureté entre elles & ceux qui les regardent ; lefquelles enfin plus coupables que les vendeurs du Temple, qui ne vouloient que gagner de l'argent fans faire tort au culte du Seigneur, ne fongent qu'à gagner des cœurs pour les ravir à Dieu.

XIII.

Que je plains celles qui paroiffent vaines & coquettes dans les lieux faints, où elles ne devroient faire voir que de la contrition & de l'humilité ; mais auffi que je crains pour ceux qui ne fuyent pas leur rencontre, ou qui détournant leurs yeux de deffus l'Autel où repofe le vray Dieu, les jettent fur ces idoles fuperbement & immodeftement veftuës. Il y atoûjours du peril à confiderer attentivement une gorge nuë ; & il y a non feulement un grand danger, mais une efpece de crime de la regarder avec attention dans l'Eglife, & en mefme temps que l'on offre le faint Sacrifice de nos Autels: Car Jefus-Chrift eftant alors réellement & veritablement prefent, il me femble qu'on luy fait injure de luy preferer une femme, ou du moins de partager nôtre attention, & peut-eftre nos vœux entre luy & elle, & de demeurer comme en fufpens à qui nous donnerons nos defirs & nos penfées.

XIV.

Helas ! encore un coup, fi nous ne pouvons pas empefcher ces nuditez, ne negligeons pas au moins de montrer que nous les defapprouvons en évitant de les regarder. Si la gloire de Jefus-Chrift nous y oblige, noftre devoir & noftre intereft nous y engage. La veuë d'un beau fein, n'eft pas moins dangereufe pour nous que celle d'un Bafilic ; & c'eft alors que nous pouvons dire avec l'Ecriture, que le Demon fe fert des fenestres de noftre corps pour faire entrer la mort avec le

Ierem.c.9. Afcendit mors per

peché dans noftre ame. S'il eft vray, comme dit le Prophete Jeremie, que nos yeux raviffent quelquesfois noftre ame, c'eft fans doute lorfqu'ils s'arreftent fur une femme mondaine, & qu'ils y attachent en quelque forte nôtre efprit & noftre cœur, en y portant avec leurs regards nos affections & nos defirs. Et je croy que le Patriarche Job a voulu nous apprendre cette verité, lorfqu'il declare qu'il avoit fait un pacte avec fes yeux, afin de ne penfer point à la beauté des filles : Car ce ne font pas les yeux qui penfent & qui defirent; mais c'eft le cœur ou l'efprit: Pourquoy, dit-il donc, que pour éloigner de fon efprit & de fon cœur l'idée & l'amour illegitime des femmes, il a fait une convention avec fes yeux, plûtoft qu'avec fon efprit & avec fon cœur; fi ce n'eft pour nous faire connoiftre qu'il eft aifé de ne fonger pas aux femmes quand on ne les regarde point ; mais qu'il eft prefque impoffible qu'elles ne rempliffent noftre efprit & noftre cœur fi nous ne faifons un pacte avec nos yeux de ne pas les regarder.

feneftras noftras. Thr. 3. Oculus meus deprædatus eft animã meam. Iob. 31. Pepigi fœdus cum oculis meis, ut ne cogitarem quidem de virgine, quã enim partem haberet in me Deus.

XV.

Et il est dautant plus necessaire de détourner nos regards de dessus ces femmes dont la gorge & les épaules sont découvertes, que selon la pensée du mesme Patriarche, il est difficile de concevoir quelle place Dieu peut trouver dans une ame que les yeux ont trahie, & dans laquelle ils ont fait entrer ces images impures qui occupent & qui troublent toutes ses puissances. Souvenons-nous de cette maxime du grand S. Gregoire, qu'il y a de l'imprudence à regarder ce qu'il ne nous est pas permis de souhaiter ; & si nous voulons conserver la tranquilité de nôtre esprit & l'innocence de nôtre cœur, ne regardons jamais volontairement ces nuditez, en quelque lieu que nous soyons ; mais sur tout dans l'Eglise.

XVI.

Si les Chrestiens doivent se faire connoistre par leur modestie, suivant la doctrine de l'Apôtre ; c'est principalement lors qu'ils sont dans la maison de Dieu, où ils ne se rendent que parce qu'ils sont Chrestiens : c'est là qu'ils doivent faire un pacte avec leurs yeux, non seulement de ne point regarder les femmes, mais de ne rien regarder, & de mesme que celuy qui court dans la lice, ne détourne point sa veüe d'un côté ny d'autre, mais a ses yeux toûjours attachez au but où il tend; celuy qui prie dans l'Eglise (car on n'y doit venir que pour prier, comme on n'entre dans la lice que pour courir) celuy, dis-je, qui prie dans l'Eglise doit estre si fort attentif à ce qu'il fait, qu'il doit s'abstenir de regarder les objets qui l'environnent, de crainte que son cœur ne suive ses regards, & que son esprit ne s'éloigne insensiblement de celuy qu'il prie.

XVII.

Nous nous trompons nous-mesmes si nous croyons n'estre pas obligez de regler nos regards par une circonspection sage & modeste, & nous trompons les autres si nous disons qu'on peut indifferemment & innocemment regarder toutes choses. David pécha pour avoir esté trop libre en ses regards, & un seul regard

suffit pour le faire tomber dans le
peché. Ce Prince estoit saint, Betsabée sur qui il jetta les yeux par hasard, estoit innocente, mais elle étoit
nuë : David la regarda en cét état, &
il n'en falut pas davantage pour faire
perdre la sainteté à David & l'innocence à Betsabée. Qui est cét or-
gueilleux qui refusera de s'instruire
par un si grand exemple, & qui aprés
cét exemple n'évitera pas avec soin la
veüe & l'abord d'une femme, laquelle fait paroistre tout ce qu'elle croit
avoir de plus engageant & de plus
beau, Qui est celuy qui se croira en
seureté dans le mesme peril où David
s'est perdu ? & qui ne craindra pas de
succomber par les mesmes armes dont
il a esté vaincu.

XVIII.

Le grand S. Basile apprend à tous
les Fidelles, en instruisant un de ses
Disciples, avec quel soin ils doivent
détourner leurs yeux de dessus une
femme qui affecte de paroistre belle.
Donnez-vous de garde, dit-il, autant
qu'il vous sera possible, de considerer
ces fausses & pernicieuses beautez ;
Jesus-

Jesus-Christ ne se plaist qu'à la beauté de l'ame, & méprise celle du corps,
& vous ne devez estimer que les choses qui plaisent à Jesus-Christ. Sça-
chez que cette beauté que l'on vous
presente, si vous la regardez avec
attention, salira vôtre ame & la rendra difforme; ne croyez pas au rapport que vous en font les yeux, mais
croyez ce que vous en disent la raison & la foy, & apprehendez de vous
perdre par où plusieurs personnes
plus sages que vous se sont perduës.

X I X.

Que les hommes donc tâchent de
profiter de ces avis, & que les femmes
sçachent que ces instructions & ces
conseils que l'on donne aux hommes
sont pour elles de veritables reproches & de severes reprehensions;
qu'elles sçachent que si les hommes
se mettent au hazard d'offenser Dieu
en les regardant, elles l'offensent en
effet en se presentant aux hommes
d'une maniere qui peut & qui doit
vray-semblablement les tenter ou les
scandaliser. En verité lorsque l'Eccle-
siastique nous avertit de ne point re-

B

tur ani-
ma si ea-
rum de-
corem at-
tendas.
Christus
nõ in cor-
poris de-
core, sed
in animæ
delecta-
tur, &c.
Caveto
ergo fili,
species
per quas
plurimos
cernis pe-
riisse, &c.

Eccli. c. 9.
Ne respi-
cias mu-
lierem
multivo-
lam, ne
fortè in-

cidas in
laqueos
illius.

garder une femme qui veut plaire à
tout le monde, de peur que nous ne
tombions dans ses pieges, ne peut-on
pas dire qu'il accuse & qu'il blasme
les femmes qui exposent aux yeux de
tout le monde ce qu'elles ont de propre à se faire aimer, qu'il les blasme
de blesser la pudeur & l'honnesteté
qui leur sont naturelles, qu'il les accuse de dresser des pieges à nostre
innocence, en perdant la leur.   Car
c'est avec raison que le Prophete Ezechiel nous a appris que le sein découvert d'une femme étoit un lit, & un
lit où l'impureté reposoit & devenoit
feconde, en corrompant celle qui le
découvre & celuy qui le regarde.

Chap. 23.
v. 17.
Cubile
mamma-
rum, &c.

XX.

Il n'y a point de fille ny de femme
qui ne sçache que la nudité d'Eve,
dont il est fait mention dans l'Ecriture, fût une suite & une marque de
son crime; elle se vit nuë, parce qu'elle
avoit peché, & elle connut qu'elle
avoit peché quand elle se vit nuë.
Pourquoy veulent-elles juger d'elles-
mesmes autrement que de leur mere
commune, & que n'inferent-elles de

leur nudité ce qu'elles concluent de
la sienne ; qu'elle est une marque de la
dépravation de leur ame : Que ne
concluent- elles qu'elles déplaisent à
Dieu, puis qu'elles paroissent nuës ;
& qu'elles ne se soucient pas de déplaire à Dieu, puis qu'elles se plaisent
en leur nudité. En cela beaucoup
plus coupables qu'Eve, toute criminelle qu'elle étoit, qui eut honte de
sa nudité, & qui ne differa pas à la
couvrir.

X X I.

Peuvent-elles ignorer que c'est d'elles principalement que parle l'Apôtre,
quand il condamne les personnes qui
découvrent une partie de leurs corps
pour servir à l'impureté & à l'iniquité. Elles servent à l'impureté, parce
que de quelque pretexte qu'elles se
couvrent, & de quelque excuse qu'elles se flattent, le motif & le dessein
qui leur fait aimer la nudité n'est jamais pur, elles ne peuvent pas le faire
pour plaire à Dieu ; il faut donc ne-
cessairement que ce soit pour plaire
au monde ; elles ne peuvent pas le
faire par modestie ny par un principe

Ad Rom. 6.
Exhibui-
stis mem-
bra vestra
servire im
munditiæ
& iniqui-
tati, &c.

B ij

de pieté, il faut donc que ce soit par un défaut de pudeur, ou par un esprit de vanité, & souvent d'impureté. Elles servent encore à l'iniquité, selon la pensée de l'Apôtre, puis qu'elles excitent les mouvemens déreglez de la concupiscence, & qu'elles deviennent les instrumens du Demon, pour faire succomber les hommes au peché.

XXII.

Saint Jerôme reprochoit à Jovinien qu'il avoit dans son party des Amazones, lesquelles le sein découvert & le bras retroussé jusqu'au coude, excitoient les hommes au libertinage pour les rendre ses sectateurs. Ne pouvons nous pas dire avec autant de justice, que les femmes dont les bras, la gorge & les épaules paroissent à découvert, sont les veritables Amazones du Démon, qui combatent autant pour luy que pour elles-mesmes, & qui ne vainquent presque jamais que pour luy, qui employent la beauté de leur corps à pervertir les ames, & à les assujettir à Satan, & en un mot, qui aprés s'étre rangées du party du Prin-

ce du monde, travaillent à suborner
ceux qui suivent le party de Jesus-
Chrift.

XXIII.

Je souhaitterois que toutes filles &
toutes les femmes fussent bien per-
suadées de ce qu'a dit S. Chrysosto-
me, & qui a esté justifié par plusieurs
histoires autentiques, qu'une image
& une statuë nuë est le siege du Dia-
ble, elles concluroient de là que par
leurs nuditez elles deviennent non
seulement le siege, mais le trône de Satan ; que non seulement il repose sur
leur gorge & sur leurs épaules exposées
aux yeux des hommes ; mais qu'il y
regne, qu'il y domine, qu'il y triomphe ; elles connoistroient que leur
corps à demy nud n'attire pas moins
sur elles les Demons que les yeux des
hommes. Et comme il y a d'ordinaire
plusieurs hommes qui regardent leur
sein, leurs épaules & leurs bras nuds,
qu'il y a aussi plusieurs Demons sur
chacune de ces parties dont ils prennent possession, & dont, pour ainsi
parler, ils font leur retraitte & leur
fort. Peut-estre qu'estant convaincuës

Chrysost. in
Psal. 113.
Figuræ
nudæ dæ-
mon assi-
det.

qu'elles font environnées , afliegées
& couvertes de plufieurs de ces mon-
ftres , à mefure qu'elles paroiffent en
public, plus ou moins nuës : peut-
eftre , dis-je , que cette idée leur feroit
avoir une jufte crainte & une fainte
horreur de leur nudité.

<h2 style="text-align:center">XXIV.</h2>

S'il eft vray ce que nous enfeigne
S. Jean dans fon Apocalypfe , que ces
perfonnes-là font heureufes qui prennent garde à la maniere dont elles
s'habillent , & qui ajuftent leurs vétemens de telle forte qu'elles ne paroiffent jamais nuës pour ne pas découvrir leur effronterie par leur nudité;
ne pouvons-nous pas dire par la raifon des contraires , que ces femmes
font malheureufes qui ne s'habillent
& ne s'ajuftent que pour paroiftre à
demy nuës , & qui par leur nudité
affectée découvrent malgré elles leur
peu de retenuë & de modeftie, & font
voir les défauts cachez de leur ame,
par la grace & la beauté de leurs corps?
Car qui eft celuy qui a jamais bien
prefumé de la vertu d'une femme par
la nudité de fa gorge , & qui font ces

Chreftiens & ces Payens mefmes que
cette nudité n'ait fait douter de l'innocence de fes mœurs, ou du moins
de la fincerité de fon intention?

XXV.

Perfonne n'ignore qu'avant l'ave-
nement de Jefus-Chrift les plus libertines des femmes Juifves, & mefme les femmes idolatres, fe fervoient
de voiles pour fe couvrir la tefte, les
bras & les épaules, toutes les fois
qu'elles fortoient en public, & l'on
fçait qu'un illuftre Romain repudia
fa femme, parce qu'il l'avoit trouvée
fans voile hors de fon Palais. Quelle
honte à des femmes Chreftiennes
d'avoir moins de pudeur & de modeftie que des femmes débauchées &
idolatres? Celles-là ne vouloient paroiftre en public que voilées, afin
qu'on ne puft pas mefme douter de
leur vertu; celles-cy veulent paroiftre
la gorge nuë fans fe foucier de rifquer
leur vertu, & de donner un jufte fujet de croire qu'elles méprifent les
maximes de leur Religion. Les unes
& les autres fçavent que c'eft pour
elles une marque de pureté, que de

Cornel. in cap. 11. 1. ad Corint.

C. Sulpit. apud Valer. Maxi.

Lib. de
Veland.
virg.
Iudicabūt
vos Ara-
biæ fœmi
næ ethni-
cæ, quæ
non ca-
put, fed
faciéque ita to-
tam regūt
ut uno o-
culo libe-
rato, con-
tentæ fint
dimidiam
frui lucē,
quàm to-
tā faciem
proftitue-
re.

couvrir leur fein. Les femmes idolatres le cachent, les femmes Chreftiennes le découvrent ; que peut-on inferer delà, fi ce n'eft qu'en cette rencontre, les femmes idolatres paroiffent Chreftiennes, & les femmes Chreftiennes idolatres ? Que peut-on conclure, fi ce n'eft ce que Tertulien en a
conclu, qu'au Jugement dernier les
femmes Payennes s'éleveront contre ces femmes Chreftiennes, pour
les accufer & les convaincre d'immodeftie, pour demander leur con-
damnation, & peut-eftre pour l'obtenir ?   XXVI.

Il eft temps enfin que ces femmes
mondaines fortent de leur erreur, &
quittent leur mauvaife coûtume, fi
elles ne font pas touchées de repentir
voyant l'injure qu'elles font à leur
Religion, & le dommage qu'elles
caufent à leur prochain ; fi elles n'ont
aucun fcrupule de déplaire à Dieu, &
de s'expofer à perdre leur innocence :
en un mot, fi elles negligent la beauté
& la fanté de leurs ames, qu'elles fongent du moins à conferver la fanté &
la beauté de leurs corps, dont elles
font

font idolatres. Ne font-elles pas à plaindre, de fe mettre à la gefne & à la torture pour s'habiller à la mode, & pour donner quelque agrément & quelque grace à leur fein, parce qu'elles veulent le faire voir. A combien d'infirmitez & de maladies ne s'expofent elles point en ferrant trop leur poitrine, & en la montrant prefque toute nuë. Quelque grande que foit la froidure de l'air elles la fouffrent fans fe plaindre, pourvû qu'elle n'altere pas la beauté de leur gorge, & fans craindre les fluxions & les rhumes, qui font les effets ordinaires de leur nudité; elles fupportent conftamment la rigueur de toutes les faifons, pour avoir le plaifir d'eftre veües, & l'efperance de pouvoir plaire.

XXVII.

Helas! il n'eft que trop vray que le Monde & le Demon ont leurs martyrs; & il n'eft que trop évident que ces femmes font les martyrs du Demon & du Monde. Ne pourroit-on pas leur dire avec le Grand Chancelier d'Angleterre, que Dieu leur fe-

roit tort de leur refuser l'Enfer , puisqu'elles prennent tant de peine pour
le meriter ; c'eſt avec juſtice , pour-
ſuit ce grand homme , qu'on donne
une ſi funeſte recompenſe à des peines ſi déraiſonnables & ſi criminelles;
mais auſſi c'eſt avec une injuſtice extréme que ces femmes ſe geſnent & ſe
tourmentent pour ſe damner, & qu'elles ne veulent pas ſouffrir la moindre
choſe pour leur ſalut.

XXVIII.

L'Hiſtoire nous apprend, qu'autresfois une grandePrinceſſe profita ſi bien
du conſeil que luy donna un ſaint Per-
ſonnage d'abolir la mode des nuditez
de gorge , qu'elle fut la premiere qui
commença à couvrir la ſienne; & que
joignant ſon autorité à ſon exemple,
elle obligea & perſuada tout enſem-
ble , les Dames de ſa Cour de n'y venir
qu'avec des habits modeſtes, ou du
moins qu'avec des ornemens qui ne
bleſſoient pas la pudeur de leur ſexe,
quoy qu'ils fiſſent connoiſtre la grandeur de leur naiſſance Pleuſt à Dieu
que cet écrit euſt le meſme effet que ce
conſeil, puiſqu'ils ne tendent l'un &

l'autre qu'à une mesme fin. Que si les raisons & les autoritez dont je me suis servy, ne sont pas assez puissantes pour persuader aux femmes du siecle de condamner l'abus des nuditez, je souhaite que l'exemple de cette Princesse, & de de tant d'illustres Dames, qui relevent leur dignité par leur modestie, leur inspire un saint desir de les imiter.

XXIX

Elles se trompent, ces femmes du siecle, si elles s'imaginent tirer une veritable gloire de leur beauté, qu'elles découvrent avec tant d'affaiterie, les plus libertins qui les nomment belles, les soubçonnent de n'estre pas innocentes ; leur raison desapprouve souvent ce qui plaist à leurs yeux, & en mesme temps qu'ils loüent le sein qu'on leur fait voir, ils méprisent ou condânent celles qui le leur montrent. Les hommes sages & judicieux, qui sçavent que la reputation d'une fille & d'une femme dépend principalement de sa retenuë & de sa pudeur, s'étonnent que cette femme ou cette fille mondaine s'expose inconsiderement à perdre leur estime en tâchant

de l'acquerir, & font beaucoup plus
furpris de fon imprudence que de fa
beauté. Les perfonnes pieufes & de-
votes conçoivent de l'indignation à
la vûë de ces nuditez , & font con-
traints de refufer leur approbation à
une mode fi oppofée à la pieté & à
l'efprit du Chriftianifme, à une mode
que la Religion detefte , que la raifon
blâme, & dont le libertinage mefme fe
mocque en mefme temps qu'il l'auto-
rife.   XXX.

Je demanderois donc volontiers à
ces filles & à ces femmes : à qui pre-
tendez-vous plaire ? De qui preten-
dez-vous acquerir l'eftime ? Eft-ce des
hommes fages & devots ? Ils ne fou-
haitent pas de voir cette gorge que
vous leur prefentez , ils en détournent mefme leurs yeux : Eft-ce de ces
jeunes mondains ? Vous fçavez que
leur approbation n'eft gueres confide-
rable , & vous n'ignorez pas qu'ils
méprifent ordinairement ce qu'on
leur offre, & qu'ils eftiment fort peu
ce qui devient commun à tout le monde. Quelle eft donc voftre conduite
de faire une chofe qui déplaift à une

partie de ceux qui vous regardent, &
qui ne vous acquiert pas l'eſtime toute entiere des autres ; au lieu que vous
eſtes aſſurées que les jeunes mondains
& les hommes ſages & devots, auroient également du reſpect & de l'eſtime pour vous, ſi vous ne paroiſſiez
devant eux que la gorge couverte,
& avec la modeſtie que la nature inſpire à voſtre ſexe, & que la Religion
luy preſcrit.

XXXI.

Mais je ſuppoſe qu'il ſe trouve quelque libertin, qui à la veuë de voſtre
ſein vous donne toute ſon approbation, & meſme tout ſon cœur. Pouvez-vous bien tirer vanité d'une choſe qui devroit vous faire rougir ? Et
n'eſt-ce pas pour vous un ſujet de confuſion plûtoſt que de joye, de n'eſtre
loüée que de ceux dont les loüanges
ſont non ſeulement ſuſpectes, mais
mépriſables ? Non, ce n'eſt pas une
gloire, c'eſt une eſpece de deshon-
neur de n'eſtre approuvée que des pecheurs, parce qu'ils n'approuvent que
ce qu'ils aiment ou qu'ils font, & que
leurs perverſes habitudes les portent à

ne rien aimer & à ne rien faire qui ne flate leur concupifcence, & qui ne foit conforme à leurs mauvaifes inclinations.

XXXII.

Voftre nudité plaift aux libertins & aux pecheurs, il n'en faut pas davantage pour conclure qu'elle excite au peché, & qu'elle porte la marque & le caractere du libertinage. Mais fans doute voftre confcience vous l'a dit avant moy ; & cette foible lumiere qui nous refte de l'innocence originelle vous a fait connoiftre malgré vous, que s'il y a de la modeftie à couvrir fa gorge, il y a de l'immodeftie à la découvrir. Nos premiers parens ne demeurerent nus qu'autāt de temps qu'ils demeurerent dans une efpece d'ignorance & d'aveuglement ; & auffitoft qu'ils eurent mangé du fruit qui leur fit connoiftre le bien & le mal, la premiere marque qu'ils donnerent de leur fcience & de leur intelligence, fut d'avoir honte de leur nudité & de la couvrir. Servez-vous donc de voftre raifon, elle vous apprendra que vous devez éviter une nudité d'où il ne

Tert. lib. de Vela. Virg.
Principes generis Adam & Eva quādiu intellectu carebāt nudi agebāt. At ubi de arbore agnitionis guftave-

vous peut venir aucun bien , & qui
peut vous causer beaucoup de maux.
Ecoutez les instructions de vôtre con-
science , & elle vous fera comprendre
que vous ne pouvez , sans une espece
de crime, affecter de paroistre à demi-
nuës , puisque la nature mesme vous
inspire de la crainte, de l'aversion , &
mesme de l'horreur pour la nudité.

XXXIII.

Que si vous voulez consulter vostre
Religion , elle vous enseignera que
tout ce qui se fait par un esprit de vanité & de concupiscence , par un motif d'amour propre & de complaisance pour soy-mesme , ne peut estre
agreable a Dieu , qui nous ordonne
d'estre chastes & d'estre humbles, qui
nous commande de nous mépriser &
de nous hair nous-mesmes. Elle vous
enseignera , qu'une fille & qu'une
femme Chrestienne doit se faire connoistre autant par sa pudeur & par sa
modestie que par sa foy : & comme
elle doit plus songer à plaire à Dieu
qu'aux hommes , qu'elle doit se cacher aux hommes , & ne se découvrir
qu'à Dieu; Elle vous dira que si toute

runt, ni-
hil primû
senserunt
quâ eru-
bescendû.
Itaque sui
quique se,
xus intel-
lectû teg-
mine no-
taverunt.

la gloire du monde eſt vaine & mépri-
ſable, celle que vous recherchez par
la nudité de voſtre ſein, l'eſt plus que
toutes les autres, non ſeulement parce qu'elle n'eſt fondée que ſur la beauté de voſtre corps ; mais encore parce
que vous la recherchez par une voye
baſſe & indigne d'une ame noble &
genereuſe. Vous ſollicitez & mandiez,
pour ainſi dire, l'approbation des hommes, à qui vous faites voir ce que la
nature, la raiſon & la pieté vous con-
ſeillent, & vous obligent de cacher.

XXXIV.

La Religion vous dira que vous
eſtes le Temple de Dieu, & que la
pureté doit eſtre la portiere de ce Temple, laquelle eſt obligée pour ſe bien
acquitter de ſon devoir, non ſeulement de chaſſer de voſtre eſprit toutes
les penſées impures ; mais auſſi d'é-
loigner de voſtre corps tous les regards laſcifs des impudiques, leſquels
deshonorent voſtre chaſteté, quoy
qu'ils ne la ſoüillent pas, & vous rendent coupables au moins d'une impureté étrangere. Elle vous dira enfin,
qu'il ne ſuffit pas à une femme Chre-

ſtienne d'eſtre pure & chaſte, qu'il faut qu'elle paroiſſe ce qu'elle eſt , que ſa chaſteté pour eſtre parfaite doit éclater également dans ſon eſprit & dans ſon corps , dans ſes penſées & dans ſes paroles , & rejallir , pour ainſi parler , ſur ſes actions, ſur ſes regards, ſur ſa démarche , & meſme ſur ſes habits. Car ſi la façon dont elle s'habille dément la maniere dont elle vit, il eſt vray de dire qu'elle n'eſt chaſte qu'en partie , & que negligeant d'acquerir & de pratiquer ce qui luy manque pour avoir une veritable pureté, elle ſe met au haſard de perdre ce qu'elle a de pur & d'innocent, & de corrompre ſon ame en montrant indiſcretement ſon corps.

XXXV.

Si vous faites une ſerieuſe reflexion ſur ce que dit l'Ecriture ſainte , que la crainte de Dieu eſt la fin de la modeſtie , c'eſt à dire , que la modeſtie exterieure fait naiſtre la crainte de Dieu dans noſtre ame, ou l'y conſerve & l'y augmente. Et ſi vous vous ſouvenez en meſme temps que la meſme Ecriture nous apprend , que la crainte de

Proverb. cap. 22. Finis modeſtiæ timor Dei.

Dieu eſt le commencement de la ſa-
geſſe , & la cauſe principale du ſalut.
Ne devez-vous pas avoüer que cette
femme craint veritablement Dieu , &
ſonge ſerieuſement à ſe ſauver , qui
couvre par pudeur & ſes bras & ſa
gorge , qui s’habille de telle ſorte qu’-
elle ne déroge ni a ſa naiſſance , ni à
ſa dignité, ni à la qualité de Chreſtienne , & qui fait connoiſtre par ſa modeſtie que ſa vertu répond à ſa naiſſance,
à ſa dignité , & à ſa Religion. Mais
auſſi ne devez - vous pas confeſſer
qu’une gorge nuë , que des bras &
des épaules découvertes convainquent
une femme de manquer de modeſtie ,
& l’accuſent par conſequent de n’a-
voir pas la crainte de Dieu , ou de ne
pas ſe ſoucier de la perdre , d’oublier
ſon ſalut , ou de le negliger. Car ſi la
modeſtie nous porte à craindre Dieu,
l’immodeſtie nous en éloigne : Si la
modeſtie eſt une grande diſpoſition à
vivre Chreſtiennement , l’immodeſtie
y eſt un puiſſant obſtacle ; & il me
ſemble que le docte Affricain avoit raiſon de donner le nom de filles de Dieu
aux femmes qui n’alloient dans les pla-

ces publiques & dans l'Eglife que le
fein couvert & la face voilée, & de
nommer filles des hommes celles qui
affectoient de découvrir leur vifage &
leur fein.   XXXVI.

Nous lifons dans la Genefe, que
Dieu mefme fit des vétemens de peau
à Adam & à Eve, pour nous faire con-
noitre que leur nudité luy déplaifoit.
Nous apprenons de l'Hiftoire Eccle-
fiaftique, que plufieurs Saints ayant
de la repugnance à dépoüiller une partie de leur corps pour paffer de petites
Rivieres, Dieu les a miraculeufement
tranfportez à l'autre bord, pour montrer combien il approuvoit leur pudeur. Que peut-on inferer de là, fi ce
n'eft que les femmes qui s'étudient à
couvrir modeftement leur fein, leurs
bras & leurs épaules, font animées
de l'Efprit de Dieu; & que celles qui
affectent de les découvrir, font feduites par un efprit contraire, c'eft à dire,
par l'efprit du Demon, ou du monde
fon difciple? Que Dieu condamne
toute nudité de corps, & que le Demon l'approuve; que Dieu benit &
recompenfe celles qui voilent leur gor-

ge , & que le Demon trompe celles à
qui il perſuade de la montrer ; en un
mot , que Dieu a de l'averſion pour
toute ſorte de nuditez du corps , &
que le Demon en fait ſon plaiſir & ſa
joye.   XXXVII.

Dieu haït la nudité , parce qu'il eſt
la pureté meſme ; le Demon l'aime ,
parce qu'il eſt impur . Dieu haït la
nudité , parce que c'eſt un ſigne de nôtre defaite ; le Demon l'aime , parce
que c'eſt une marque de ſo triomphe :
Dieu haït la nudité , parce qu'elle eſt
la cauſe du peché : le Demon l'aime ,
parce qu'elle eſt une preuve de noſtre
miſere , & qu'elle découvre en meſme
temps noſtre indigence & noſtre crime : Dieu haït la nudité , parce qu'il
nous cherit , & qu'elle l'oblige à détourner ſes yeux de deſſus nous. Le
Demon l'aime , parce qu'il nous haït ,
& qu'elle luy ſert à nous perdre : Enfin , Dieu haït la nudité du corps , parce qu'elle eſt une figure de celle de l'a-
me , & qu'elle luy repreſente continuellement noſtre pauvreté interieure ;
& le Demon aime la nudité du corps ,
parce qu'elle le fait ſouvenir que par

son adreſſe nous avons eſté dépoüillez de toutes les graces qui ornoient nôtre ame. De ſorte que celles qui aiment la nudité avec le Demon, preſagent en quelque maniere qu'elles ſeront privées des graces qu'elles poſſedent, & ſemblent y conſentir ; elles ſe joignent au Demon pour ſe perdre, & ſe haïſſent pour ſe trop aimer. Elles applaudiſſent à la victoire que le Demon remporta ſur Eve, & renouvellent en quelque ſorte ſon crime en ſe conformant à l'état où elle ſe vit auſſi-toſt qu'elle fut criminelle.

XXXVIII.

Ah ! puiſque par la nudité de leur corps elles deviennent les images d'Eve coupable, que ne tâchent-elles de luy eſtre ſemblables par les mouvemens de leur cœur. Eve reconnut ſa faute, & la deteſta en couvrant ſa nudité ; que ne voilent elles leurs bras, leurs épaules & leur ſein, pour montrer qu'elles avoüent la faute qu'elles ont faite en les découvrant ? Eve n'oſa pas paroiſtre devant Dieu que tout ſon corps ne fût couvert, elles devroient du moins faire ſcrupule de ſe preſenter à Dieu dans les Egliſes avec les bras nus & la gorge nuë. Enfin, Eve ne put ſouffrir ſans honte que ſon mary meſme tût le ſpectateur de ſa nudité, & elles cherchent des témoins de la leur, & des témoins qui ne peuvent les regarder ſans danger ou ſans crime, & dont elles tâchent de ſurprendre & de pervertir les inclinations en s'offorçant de leur plaire.

XXXIX.

Si elles conſideroient attentivement toutes ces choſes, je m'aſſure qu'elles deſaprouveroient elles-meſmes leur conduite, qui a eſté condamnée par la premiere des pechereſſes, & qui ajoûte évidemment quelque choſe à la malignité de la nature corrompuë. Mais il faut tâcher de les convaincre par leur propre jugement. N'eſt-il pas vray qu'elles blâmeroient une femme dont les paroles artificieuſes porteroient à l'impureté, & qui s'énonceroit d'une maniere ſi libertine, quoy qu'adroite, qu'elle engageroit dans un amour prophane ceux qui l'entendroient parler; comment donc peuvent-elles s'exempter de blâme en

montrant leur sein & leurs épaules,
puisqu'elles ne peuvent ignorer que
ces nuditez sont beaucoup plus puissantes que les paroles, pour exciter
les mouvemens de la concupiscence.
Car qui ne sçait que les yeux sont les
guides de l'amour, & que c'est par eux
qu'il se glisse ordinairement dans nos
ames. Si le Demon se sert quelquesfois
de l'oüie pour seduire la raison, il se
sert presque toûjours des yeux pour la
desarmer, & pour enchanter les cœurs.
Qui ne sçait que les paroles s'éva-
noüissent dans un instant, & quelque
force qu'elles ayent pour nous inspirer des sentimens deshonnestes, que
la durée leur manque pour les pouvoir
graver profondement dans nos esprits.
Mais un sein nû, & des épaules découvertes, parlent continuellement à nôtre cœur en frappant nos yeux ; & leur
langage tout muet qu'il est, est d'autant plus dangereux qu'il n'est entendu
que de l'esprit, & que l'esprit se plaist
à l'entendre. Qui ne sçait enfin que
les discours d'une femme, s'ils choquent la pureté, nous choquent malgré nous, & nous donnent un dégoust

secret, & une espece d'aversion & de mépris pour celle qui les prononce; mais la beauté d'une gorge que l'on presente à nostre veuë, n'a rien qui nous rebute, n'a rien qui ne nous attire. Nous commençons à la regarder sans repugnance, nous continuons à la regarder avec plaisir, nous la voyons ensuite avec émotion : & comme elle ne cesse point de parler à sa mode, de nous solliciter & de nous plaire, elle triomphe enfin de nostre liberté aprés avoir trompé nos sens.

XL.

De sorte que nous pouvons hardiment conclure, que les filles & les femmes qui se font voir en cet estat, sont plus blâmables que celles qui par des discours impurs & lascifs tâchent de porter les hommes au libertinage, non seulement parce qu'elles surprennent plus de personnes dressant indifferemment des pieges à tout le monde, ce que les femmes es plus débauchées n'oseroient faire par leurs discours; mais encore parce que pour se faire des adorateurs elles se servent d'une adresse d'autant plus dange-

dangereufe qu'elle eft plus engagean-
te & plus propre à donner de l'amour;
à laquelle les gens fages font expofez
par le hafard , quelque précaution
qu'ils prennent pour l'éviter , dont les
fimples ne fe deffient point , & à laquelle prefque tous les jeunes gens fe
plaifent à fuccomber.

XLI.

Aprés cela je ne m'étonne pas que
Dieu dans fes Prophetes reprochant
à fon-peuple la grandeur & la multi-
tude de fes crimes, luy dife qu'il eft
devenu femblable à une femme qui
fe plaift à paroiftre nuë, & qui ne fonge qu'à fe faire aymer; qui s'habille
avec pompe, & s'étudie à rendre fon
fein élevé pour luy donner plus de
grace ; qui enfin ne reconnoift point
d'autre temps que le temps des amans ;
c'eft à dire, qui ne croit pas pouvoir mieux employer fon temps qu'à
faire des conqueftes. En effet, c'eft
le temps de fes amans , parce que
c'eft alors que les hommes commen-
cent à l'aimer, furpris & attirez par la
nudité de fon corps ; & c'eft auffi fon
temps, parce qu'elle eft fatisfaite de

Ezech.cap.
*16. ver/.*7.
& 8.
Perveni-
fti ad mū-
dum mu-
liebrēube-
ra tua in-
tumuerūr,
&c. eras
nuda &
confufio-
ne plena
& tranfivi
& vidi te
& ecce tē-
pus tuum
tempus a-
mantium.

l'esperance ou du plaisir qu'elle a d'e-
stre aimée.

XLII.

Jugeons de là si c'est un objet bien
agreable à Dieu, qu'une fille ou une
femme, qui ne couvre une partie de
son corps que pour montrer & pour
relever la beauté de l'autre ; & qui
exposant aux yeux des hommes ce
qu'elle leur devroit cacher, donne
lieu de croire qu'elle ne couvre que
par contrainte ce qu'elle ne fait pas
voir. Puisque Dieu nous la represen-
te en cet estat comme l'image & le
modele des grands pecheurs, ne doit-
elle pas craindre que cet estat ne soit
un estat de peché pour elle ? & ne doit-
elle pas connoistre que c'est un estat
de peché pour les autres. Estat funeste, qui contient toute la malignité, & qui exprime tout le malheur
des pecheurs, lesquels se perdent par
un trop grand amour d'eux-mesmes,
& contribuent à perdre les autres par
leur malice ou par leur adresse. Estat
funeste, dans lequel les femmes ne
s'engagent que par un defaut de pudeur ou de pureté. Estat qui devroit

les faire rougir de honte, & qui doit
eſtre puni d'une confuſion extréme.
C'eſt pour cela, ſans doute, qu'aprés
que Dieu a comparé le pecheur à une
femme bien ornée & nuë, il ajoûte
qu'elle eſtoit pleine de confuſion.
Elle n'a pas eu honte de paroiſtre
publiquement le corps à demy-nû,
elle ſera couverte de honte au Jugement dernier, lorſque la laideur
de ſa conſcience paroiſtra ſans voile
& à découvert, & que ſon ame ſe
trouvera vuide & nuë ſans vertus &
ſans graces.

XLIII.

Voilà quel ſera l'effet de la nudité
que vous affectez, ô femmes mondaines! voilà ce qu'elle vous preſage.
Elle vous rend maintenant criminelles, elle vous rendra un jour malheu-
reuſes; elle vous fait maintenant des
amans, elle vous fera un jour des en-
nemis; & ceux-là meſmes qui vous
careſſent & qui vous loüent, vous
reprocheront avec des injures & des
blaſphemes que vous eſtes la cauſe de
leur damnation; ils ſe rendront vos
accuſateurs & vos bourreaux, & pour

comble de malheur, peut-eſtre que ces bras, ces épaules, cette gorge dont vous & eux eſtes idolatres, deviendront les inſtrumens de voſtre ſupplice, & feront l'objet eternel de voſtre rage & de voſtre deſeſpoir.

XLIV.

Je ne pretens pas neanmoins placer dans un meſme rang toutes les femmes qui ont accoûtumé d'avoir la gorge nuë, je ſçay qu'elles ne ſont pas également coupables, & que la diverſité des motifs qui les font agir, & des fins qu'elles ſe propoſent, peuvent mettre une grande difference entre celles qui commettent une meſme faute. Mais s'il s'en trouve quelqu'une qui ſoit exempte de crime, il n'y en a pas une qui ne ſoit digne de blâme ; & quelque raiſon qu'elles apportent pour leur defenſe, quelque excuſe qu'elles employent pour leur juſtification, elles ne paroiſtront jamais entierement innocentes. Comment pourroient-elles unir l'innocence avec la nudité, puiſque la nudité a eſté la premiere marque de la perte de l'innocence.

SECONDE PARTIE.

Des vaines excuses des femmes qui ont la gorge & les épaules nuës.

I.

S'Il est certain que nos premiers parens ont transmis leur crime à toute leur posterité, & ont communiqué à leurs descendans un penchant naturel & une forte inclination au peché; il n'est pas moins indubitable qu'ils nous ont inspiré un violent desir de diminuer & d'excuser toutes nos fautes, & de paroistre innocens, lors mesme que nous sommes les plus coupables. Nous naissons criminels d'Adam criminel, nous pechons comme il pecha; comme luy nous tâchons de nous justifier devant Dieu & devant les Hommes: & de mesme, dit saint Gregoire, qu'il voulut couvrir sa nudité de feüilles d'arbre, nous nous efforçons vainement de cacher nos pechez par des paroles étudiées, & par des discours frivoles.

II.

Je ne m'étonne donc pas que les femmes qui se plaisent à avoir la gorge & les épaules découvertes, s'étudient à justifier leur procedé, ou du moins à l'excuser. Mais avant de leur faire voir que toutes leurs excuses sont injustes & inutiles, j'ay crû les devoir avertir qu'elles augmentent leur peché en s'obstinant à l'excuser, & qu'elles se rendent d'autant plus coupables qu'elles se disent entierement innocentes. Il y a quatre degrez de malice dans tous les pechez, dit l'Abbé Rupert. Le premier est lorsque nous y consentons. Le 2. lorsque nous le faisons. Le 3. lorsque nous y perseverons. Le 4 & le plus dangereux, lorsque nous excusons & defendons nôtre peché. C'est par là que nous faisons quelquesfois un crime d'une simple faute, & un crime si desagreable à Dieu, que c'est, selon la pensée de ce grand Docteur, ce quatriéme peché, pour lequel Dieu dit qu'il vouloit abandonner les Habitans de Damas à leur mauvaise conduite, aprés leur avoir pardonné

Rupert. li. 1. in lib. 1. Reg. c. 20.

Amos, c. 1. v. 3. Hæc dicit Dominus super tri-

les trois pechez , de penſée , d'action
& d'habitude.

III.

N'eſt-il pas vray que quand elles
s'efforcent d'excuſer & de juſtifier leur
faute , elles travaillent à s'acquerir &
à ſe donner la liberté de faillir ? N'eſt-
il pas vray qu'elles témoignent ſe plaire au mal qu'elles defendent , & qu'elles excitent les autres à imiter leur déreglement , en ſoûtenant qu'elles ne
font rien qu'on puiſſe deſapprouver ?
C'eſt ainſi que de leur deſordre particulier elles en veulent faire un deſordre public ; & qu'aprés avoir ajoûté
l'obſtination au peché , elles ajoûtent
le ſcandale à l'obſtination ; c'eſt ainſi
qu'elles pervertiſſent les femmes aprés
avoir perverty les hommes , & qu'elles ſe rendent incapables & indignes
de ſortir de leur erreur , en tachant de
la communiquer.

IV.

Mais j'eſpere qu'elles la reconnoî-
tront & la condamneront aprés la le-
cture de ce petit Ouvrage , & que
n'ignorant pas que la confeſſion
humble & ſincere de nos fautes eſt

toûjours fuivie du pardon , parce
qu'elle eft une marque affeurée de
nôtre repentir : elles confefferont ingenument qu'elles ont mal fait de
montrer publiquement leur gorge &
leurs épaules nuës. J'efpere auffi que
par cét aveu elles obtiendront, & la
remiffion de leurs fautes paffées , &
la grace de les reparer par une conduite contraire. Et pour leur en fa-
ciliter le moyen je me fuis refolu
d'examiner avec elles les raifons
qu'elles alleguent pour fe defendre,
afin qu'elles avoüent avec moy que
le Demon a mis jufqu'à prefent fur
leur efprit le voile qu'elles devoient
mettre fur leur fein, & qu'il les a
empefchées de découvrir la verité,
en leur perfuadant de faire voir leur
corps à demy nû.

V.

Entre les excufes qu'elles apportent pour leur defenfe , il y en a
qui font communes aux filles & aux
femmes, & il y en a qui font particulieres aux unes ou aux autres. La
premiere & la plus generale eft la
mode & la coûtume. Il eft permis,
difent-

difent-elles , de faire ce que les autres font, ce n'eft pas dans une feule
Ville,c'eft dans divers Royaumes, que
les filles & les femmes vont en public
le fein & les épaules découvertes , &
cet ufage n'eft pas un ufage introduit
depuis quelques années, mais depuis
plufieurs fiecles; de forte qu'on ne
peut le condamner fans faire le procés
à des nations & à des generations en-
tieres. **VI.**

Si cette raifon eftoit recevable, il n'y
a aucun defordre qui ne duft eftre approuvé & autorifé , parce que tous les
abus font neceffairement introduits
par un ufage contraire à la raifon & à
la Loy , lequel par fucceffion de temps
paffe infenfiblement en coûtume.Ainfi
la coûtume toute feule bien loin d'e-
ftre une preuve de la juftice de l'ufage,
eft une prefomption qu'il eft injufte;
& quand cet ufage eft évidemment op-
pofé à ce que la raifon nous confeille,
& que la Loy nous prefcrit, il ne peut
pas fervir d'excufe au mal que nous
faifons en le fuivant, & il prouve feulement qu'en le fuivant nous continuons à mal faire.

E

VII.

Jesus-Christ, dit Tertullien, ne s'est pas nommé la coûtume, mais la Verité ; & nous pouvons dire que le Monde ne se nomme pas la Verité, mais la coûtume. Il ne peut établir ses maximes que sur la coûtume, parce qu'elles ne sont appuyées que sur l'erreur ; & Jesus-Christ a étably ses Loix sans le secours de la coûtume, & contre l'autorité de la coûtume, parce qu'elles sont fondées sur la Verité. Sur la Verité, contre laquelle aucune coûtume ne peut prescrire, laquelle les hommes & les demons peuvent attaquer, mais non pas détruire ; & à laquelle ni la longueur du temps, ni l'autorité des personnes, ni la difference des lieux ne peuvent faire aucun préjudice. Tellement que comme nous ne pouvons sans crime quitter une coûtume que la raison & la verité ont introduite & autorisée, nous devons nous opposer à une coûtume que la verité & la raison condamnent ; autrement c'est moins approuver la coûtume que l'erreur, c'est nous accoûtumer à mal faire au lieu de diminuer

noſtre faute, c'eſt augmenter le nombre des coupables en imitant ceux qui
ont avant nous obſervé cette mauvaiſe coûtume.　　　VIII.

Ce fut ſur ce fondement, que le
grand ſaint Chryſoſtome condam-
nant la maniere dont on habilloit de
ſon temps les nouvelles mariées, comme contraire à la modeſtie Chreſtienne, répondit à ceux qui luy obje-
ctoient qu'on ſuivoit la coûtume; que
le Demon eſtant l'auteur de cette coûtume, ils devoient gemir de la voir
établie, & non pas continuer en la
pratiquant; que puiſqu'il y avoit du
mal à habiller de la ſorte les fiancées,
bien loin de continuer à le faire, ils
devoient ſouhaiter que cela n'eût jamais eſté fait, & croire qu'une mauvaiſe mode n'eſtoit que trop obſervée
quand elle l'eſtoit une ſeule fois.

IX.

C'eſt donc inutilement que les filles
& les femmes tâchent d'excuſer leurs
nuditez par l'autorité de la coûtume;
& plus elles pretendent que cette coûtume eſt ancienne, plus elles contribuent ſans y penſer à augmenter leurs

Chryſoſt.
hom. 12. in
1. ad Co-
rinth.
Noli mihi
adducere
conſuetu-
dinem: nã
ſi malum
eſt ne ſe-
mel qui-
dē facien-
dum itaq;
ſic ornan-
da ſponſa
eſt, ut ſi
malũ eſt,
ne ſemel
quidē fiat,
&c. ſed
propter
hoc maxi-
me deflē-
dum eſt
quod in
conſuetu-
dinē hæc
traxit dia-
bolus.

E ij

fautes ; elle est ancienne, il est vray, & si ancienne qu'elle estoit avant le Christianisme. C'est une coûtume que plusieurs idolatres ont de tout temps approuvée, & que les Demons ont eux-mesmes apprise aux femmes, selon la pensée de Tertulien, & de quelques Peres de l'Eglise. Tellement que les femmes qui veulent faire servir à leur justification l'antiquité de cette coûtume, s'accusent imprudemment elles-mesmes d'estre les disciples des Demons, & les singes des femmes Payennes, de preferer les desordres du Paganisme aux regles de l'Evangile, & de vouloir continuer les abus que Jesus-Christ a voulu abolir.

X.

L'on peut mesme assurer, que quand elles presument d'amoindrir leur peché, en disant qu'il n'est qu'une suite & qu'un effet ordinaire d'une longue coûtume, elles avoüent contre leur intention, qu'elles s'exposent à une punition plus prompte & plus grande : Car qui ignore que plus une mauvaise coûtume est ancienne, plus elle a irrité la colere de Dieu. Et qui

fçait fi Dieu enfin laffé de voir depuis
fi long-temps des filles & des femmes
Chreftiennes, qui font honte à leur
Religion par leurs nuditez, & qui tâchent de renouveller une efpece d'i-
dolatrie en cherchant des adorateurs,
& en fe montrant dans les Temples
ornées & nuës comme des idoles ; qui
fçait, dis je, fi Dieu laffé de tous ces
defordres ne changera point fa patien-
ce en fureur ; & fi aprés avoir pardonné jufqu'à prefent à celles qui les ont
commis, il n'immolera pas à fa Juftice celles qui les commettent maintenant ? **XI.**

C'eft donc en vain, encore une fois,
que les filles & les femmes qui font
profeffion du Chriftianifme , alleguent, comme une excufe à leurs nuditez, l'exemple & l'ufage de plufieurs
fiecles. Si elles penfent que l'autorité de la coûtume puiffe les juftifier, il
faut qu'elles confeffent malgré elles,
que l'autorité de la coûtume peut les
condamner ; & fur ce fondement, il
eft aifé de les confondre & de les convaincre d'erreur. Elles alleguent une
coûtume criminelle, on leur oppofe

une coûtume fainte ; elles alleguent
une coûtume qui repugne aux maximes de noftre Foy , on leur oppofe une
coûtume conforme aux preceptes de
Jefus-Chrift ; elles alleguent une coûtume que les femmes mondaines & libertines ont pratiquée à l'exemple des
idolatres , on leur oppofe une coûtume que les veritables Chreftiennes
ont toûjours fuivie pour fe diftinguer
des idolatres. Puifqu'elles veulent fe
regler fur la coûtume , il faut neceffairement qu'elles choififfent l'une des
deux , & que par ce choix elles fe ren-
gent ou du party des femmes Payennes & des femmes effrontées qui ont
approuvé l'ufage des nuditez de gorge & d'épaules , ou du party des femmes Chreftiennes & modeftes qui ont
toûjours eu horreur de paroiftre à demi-nuës. Hé quoy ! n'auront-elles
pas honte de faire connoiftre à tout
le monde qu'elles n'ont de la defferen-
ce pour la coûtume que quand elle eft
un engagement au crime , & qu'elles
la defapprouvent lorfqu'elle nous éloigne du vice , & nous porte à la pieté.

XII.

Elles difent pour une feconde excufe, qu'il n'eft point expreffément defendu dans l'Ecriture de découvrir fa
gorge, & qu'elles ne croyent pas mal
faire en le faifant. Il faut avoüer que
la concupifcence eft bien induftrieufe,
toute ignorante & toute aveugle qu'-
elle eft! Tantoft elle nous empefche
de connoiftre la vertu en obfcurciffant
les lumieres de la raifon & de la Foy,
tantoft elle nous perfuade que le vice
nous eft inconnu, quoy que nous en
ayons une parfaite connoiffance, & fe
fervant également de ces tenebres
pour nous cacher le bien que nous devons faire, & le mal que nous avons
fait; elle nous fait tomber dans le peché, ou par une ignorance groffiere,
ou par une ignorance volontaire.
Quelle de ces deux ignorances impu-
terons-nous? Ou plutoft quelle n'im-
puterons-nous pas à ces filles & à ces
femmes, qui difent qu'elles ne croyent
point faillir en fe montrant à demi-
nuës. XIII.

Ne font-elles pas coupables d'une
gnorance groffiere & criminelle, fi

après tout ce que les Predicateurs publient continuellement dans les Chaires, aprés tout ce que les Docteurs enseignent dans leurs Livres, aprés tout ce que les Confesseurs disent dans les Tribunaux, aprés ce qu'elles ont promis dans leur Baptesme, aprés ce que Jesus-Christ & les Apostres leur ont ordonné, aprés ce que l'Eglise leur a prescrit, elles ne sçavent pas qu'il est de leur devoir d'estre & de paroistre chastes, & de justifier l'innocence de leurs mœurs par une modestie exterieure. Ne sont-elles pas coupables d'une ignorance affectée, qui est sans doute la plus funeste des ignorances, si au prejudice de la promesse qu'elles ont fait à Dieu dans leur Baptesme, & sçachant que Jesus Christ, les Apostres, l'Eglise, les Predicateurs, les Confesseurs, les Docteurs, & generalement toutes les personnes de pieté condamnent ces nuditez, elles s'imaginent pouvoir sans crime les approuver par leurs déportemens & par leur conduite.

XIV.

Lorsque l'Ecriture sainte leur apprend, que la premiere Femme toute criminelle qu'elle estoit, eut honte de se voir nuë, ne leur enseigne-t-elle pas qu'elles ne peuvent estre innocentes, & se plaire à faire paroistre leur nudité ? Lorsque l'Ecriture nous propose une femme mondaine qui marche la gorge découverte, comme le modele des pecheresses, ne leur reproche-t-elle pas le peché qu'elles commettent en montrant leur sein ; lorsque l'Ecriture commande aux filles & aux femmes de se couvrir la teste & le visage d'un voile, ne leur ordonne-t-elle pas à plus forte raison de cacher leur gorge & leurs épaules ? Enfin, lorsque l'Ecriture les exhorte à estre modestes & ornées de pudeur plutost que d'or & de pierres precieuses, ne leur marque-t-elle pas qu'elles ne doivent guere moins éviter l'immodestie que l'impureté, & par consequent qu'elles doivent soigneusement éviter la nudité, qui n'est guere moins un effet de l'impureté que de l'immodestie ? Comment peuvent-elles donc sans s'abuser & se tromper elles-mesmes, excuser l'abus des nuditez sous pre-

Gen. c. 3.

Ezech. cap. 16.

1. *ad Cor. c.* 11.

1. *ad Tim. c.* 2.

texte qu'il n'est pas expressément defendu par la sainte Ecriture.

XV.

Mais aussi comment peuvent-elles
dire, sans se démentir elles-mesmes,
qu'elles ne croyent pas mal faire en
découvrant une partie de leur corps,
puisque les attraits de la grace qu'elles ressentent, les regles de leur foy
qu'elles sçavent, les maximes de leur
Religion qu'elles n'ignorent pas, &
les mouvemens de la nature mesme,
dont elles sentent malgré elles les se-
crettes impressions, leur reprochent
qu'elles font mal. Elles ont beau tâcher d'étouffer la voix de leur con-
science, elle leur dira sans cesse que la
modestie & la pudeur sont l'appanage
naturel des femmes, qu'elles trahis-
sent les interests & la gloire de leur se-
xe quand elles se font voir le corps à
demi-nu, que toutes les femmes sont
pour ce regard naturellement Chrestiennes, & qu'il faut qu'elles fassent
quelque violence à l'instinct & à l'inclination de cacher leur sein, que la
nature leur inspire, pour suivre le déreglement de la mode qui les sollicite de
le découvrir.

XVI.

Le Monde mesme auquel elles veulent se conformer, contribuë à les convaincre de mauvaise foy, & à faire voir qu'elles connoissent le mal qu'elles font : Car il est certain que la cajolerie, la complaisance & la galanterie (en quoy consiste l'air & l'esprit le plus innocent de ce qu'on appelle le Monde & le siecle.) Il est certain, dis-je, que la cajolerie, la complaisance, & la galanterie la plus innocente , soit des hommes, soit des femmes mondaines, se termine ordinairement à donner des loüanges à la beauté du sein lorsqu'il est découvert. Les uns & les autres sçavent par une funeste experience, que l'amour prophane se place sur une belle gorge comme sur une eminence, d'où il nous attaque avec avantage ; qu'il y demeure comme sur un trône où il domine avec plaisir ; qu'il y repose comme sur un lit où il combat sans peine, & où il triomphe sans employer d'autres armes que la mollesse mesme.

XVII.

Les hommes sçavent combien il est dangereux de regarder un beau

fein ; les femmes coquettes fçavent
combien il leur eft avantageux de le
montrer; les hommes difent & redi-
fent aux filles & aux femmes combien
ils ont efté émeus à la veuë de leur
gorge & de leur taille ; les femmes &
les filles connoiffent les pernicieux effets que produifent dans l'efprit des
hommes la beauté de leur taille & de
leur gorge ; & aprés cela, elles ofent
dire qu'elles ne croyent pas mal faire
quand elles s'étudient à découvrir
toute leur gorge, & à montrer en mefme temps & par une mefme adreffe
toute la beauté de leur taille ? Ne devroient elles pas plutoft avoüer qu'elles font feduites par le monde qu'elles
aiment, & reconnoiftre de bonne foy
qu'aprés les avoir luy-mefme inftrui-
tes du peril où elles s'expofent, & où
elles expofent les autres par leurs nuditez, il leur cache ce peril lorfque
l'occafion fe prefente de fatisfaire leur
vanité, & de captiver quelque cœur.
Que pour les rendre plus criminelles,
il les oblige à feindre qu'elles ne connoiffent pas les maux qu'elles caufent,
& à tacher de couvrir leurs fautes fous

l’ombre d’une faulſe & d’une preten-
duë ignorance.

XVIII.

Elles me répondront , ſans doute , quelles n’ont point de mauvaiſe intention quand elles découvrent leur gorge : que s’il en arrive des inconveniens , ils viennent de la foibleſſe ou de l’incontinence des hommes. Et pour juſtifier que leur deſſein n’eſt point de plaire au Monde, ni de donner de l’amour à ceux qui les regardent , il ſuffit , diſent-elles , de remarquer que celles qui ont reſolu de ne point ſortir de leur maiſon, & qui ſçavent qu’elles ne verront perſonne, que celles qui ſe ſont retirées dens les Cloîtres , où elles ne converſent ordinairement qu’avec des Religieuſes , ne laiſſent pas de découvrir leurs bras & leur ſein. TROISIEME EXCUSE.

XIX.

Il faut avoüer que tout amour qui n’a pour objet que les creatures , eſt aveugle, ſoit celuy dont nous aimons les autres , ſoit celuy dont nous nous aimons nous-meſmes. Mais ſi pas un amour a veritablement un bandeau ſur les yeux, c’eſt aſſurément l’amour propre, il ne nous empesche pas seulement de blâmer nos defauts, il nous empesche mesme de les connoistre. Il ne voit rien en nous que ce qui luy plaist, & il approuve toujours ce que nous disons ou ce que nous faisons, parce qu'il n'y découvre jamais aucune imperfection. C'est luy seul qui a suggeré cette troisiéme excuse aux filles & aux femmes ; & qui aprés leur avoir faussement persuadé qu'elles peuvent sans scandale & sans peché paroistre à demi-nuës à la veuë de tout le monde, leur fait accroire que c'est une bonne raison de dire qu'elles n'ont aucune mauvaise intention.

XX.

Elles n'oseroient soutenir que leur intention fust bonne, & que la fin qu'elles se proposent fust pieuse & sainte, puisque ce qu'elles font excite à l'impureté, & repugne à toutes les maximes de la pieté & de la sainteté Chrestienne. Elles ne peuvent pas dire que leur intention soit indifferente, puisque n'ayant aucun dessein ny de se rendre agreables à Dieu qui

a témoigné avoir de l'averfion pour
les nuditez qu'elles affectent, ni d'ob-
ferver les preceptes de l'Ecriture qu'elles violent , ni de fe conformer aux
maximes de l'Eglife qu'elles méprifent , ni de fuivre les fentimens des
Saints qu'elles condamnent. Il faut
neceffairement qu'elles fongent , ou
à plaire aux autres , ou à fe fatisfaire
elles-mefmes, à moins qu'elles confeffent ingenument qu'elles font en cela
plus dépourveuës de raifon que les
brutes , & que ce qu'elles font , elles
le font fans aucun motif , & fans fça-
voir pourquoy.

XXI.

Il eft difficile de concevoir qu'elles
ne veüillent plaire ny aux hommes
ny aux femmes , & que montrant indifferemment leur gorge à tout le
monde , elles ne fe foucient de l'approbation de perfonne.   Je veux
neanmoins le croire pour leur faire
plaifir, & fuppofer avec elles que ce
n'eft fimplement que pour fe fatisfaire.   Penfent-elles en eftre moins
coupables, & s'il y a évidemment de
la vanité & de la fenfualité à vouloir

se faire aimer ou eftimer par la nudité d'une partie de fon corps, n'y
a-t'il pas une vanité & une fenfualité
fecrette à faire fon plaifir de cette nudité.   La pudeur, l'honnefteté, la
chafteté y repugnent, ce plaifir ne
peut donc pas eftre pur, honnefte, ny
chafte; dautant plus qu'il eft impoffible que celle qui fe plaift à regarder
fon fein, ne fe foucie point que les
autres le regardent. Elle s'accoûtume
fans qu'elle y penfe, à eftre veüe, & fe
difpofe infenfiblement à fouhaitter
que la complaifance qu'elle a pour fa
beauté, foit confirmée par l'eftime
de tout le monde. De forte que l'on
peut hardiment conclure que de
quelque penfée que fe flatent les femmes qui aiment à avoir la gorge nuë,
leur intention ne peut jamais eftre
bonne, & eft toûjours beaucoup plus
mauvaife qu'elles ne s'imaginent.

XXII.

Et quand on leur accorderoit que
leur intention peut eftre veritablement innocente, elles ne feroient pas
pour cela exemptes de blafme, foit
parce que quelque intention que nous

ayons

ayons, nous sommes toûjours blaf-
mables lorsque nous faisons une chose que nous sçavons estre condamnée
par l'Ecriture sainte, par la raison, & 1.*Theff. c.* 5.
par l'instinct mesme de la nature ; Ab omni
soit parce que selon la doctrine de speciemala-
l'Apôtre nous devons éviter non la abstine-
seulement tout ce qui est mauvais, te vos.
mais tout ce qui a les apparences du
mal. Et elles ne sçauroient nier que
faisant la mesme chose que les femmes
effron ées & libertines ; leur conduite ne porte le caractere de l'effronterie & du libertinage, & qu'on ne
puisse sans temerité, les accuser ou
les soupçonner d'estre du nombre de
celles dont elles suivent l'exemple.

XXIII.

Mais elles ne s'exposent pas seulement à perdre leur reputation, elles
se mettent au hasard de perdre leur
innocence. Leur pudeur est comme
frappée & blessée par chaque coup
d'œil impudique, leur modestie est
ébranlée par les vaines approbations
qu'on leur donne. L'idée de leur sein
n'entre pas moins dans leur imagi-
nation que dans celle des hommes

qui le confiderent attentivement &
qui le loüent ; & comme ils joignent
d'ordinaire l'idée de tout le corps à
celle du fein, eftant perfuadez qu'on
montre la beauté de l'un pour faire
juger de la beauté de l'autre, elles
entrent facilement dans les fentimens qu'elles ont voulu infpirer, &
ne rempliffent leur efprit que de leur
propre image, mais d'une image fenfuelle, qui imprime peu à peu dans
leur ame les inclinations des libertins qui les regardent. La chafteté
d'une femme, dit Tertulien, quand
elle eft veritable & parfaite, ne craint
rien tant qu'elle-mefme, elle ne peut
fouffrir les yeux des autres femmes ;
elle tremble à la rencontre de ceux
des hommes, & elle apprehende
d'autant plus fes propres yeux, qu'à
mefure qu'elle s'abituë à fe voir nuë,
elle s'ôte la liberté de pouvoir blaf-
mer avec juftice ceux qui fe plaifent
à voir fa nudité ; & de mefme que
les libertins ne font que l'imiter en
prenant plaifir à regarder fa gorge
découverte, elle imite enfuite les
libertins, & la regarde comme eux
avec fenfualité.

XXIV.

Je ne doute point que plufieurs d'entre elles ne me difent qu'elles fe connoiffent affez pour ne rien craindre de femblable. Mais je leur répondray que cette confiance mefme qu'elles ont en leur vertu, eft une grande difpofition à n'être pas long-temps vertueufes. Celle qui n'apprehende pas de perdre fon innocence, ne fe met guerres en peine de la conferver, moins elle y apporte de precaution plus elle court de danger, & plus elle neglige le danger où elle s'expofe, moins elle eft en état d'en fortir avec fuccez. Mais comment peuvent-elles croire fans prefomption qu'elles ne confentiront à aucune penfée contre la pureté, lorfque par la nudité de leur fein, elles travaillent à imprimer des fentimens impurs dans le cœur de plufieurs perfonnes. On participe toûjours un peu à la faute que l'on fait faire, & elles ne peuvent eftre parfaitement chaftes, fi elles favorifent l'impureté en mefme temps qu'elles fe glorifient de l'avoir en horreur. Ne fçavent-elles point par leur propre experience que la beauté corporelle n'eſt propre qu'à reveiller en nous la concupiſcence, qu'elle en excite & augmente facilement toutes les ardeurs ; & pour parler le langage des Peres, qu'elle nous invite à la volupté, & nous provoque à l'amour deshonneſte ; & ignorentelles que leur propre beauté peut leur devenir auſſi funeſte en leur inſpirant de la vanité, qu'à ceux à qui elle inſpire de l'amour. Car qui pourra croire qu'une femme montre ſon ſein afin qu'on la mépriſe.

X X V.

Il eſt donc vray qu'elles riſquent leur innocence, lorſque par la nudité de leur gorge elles tendent des pieges à l'innocence des autres : & quoy qu'elles puiſſent dire, il eſt certain qu'elles s'expoſent à pecher par un mouvement d'orgueil ou d'impureté. Peut-eſtre s'en trouvera-t-il quelques-unes, qui par un bonheur particulier ſe garantiront de l'un & de l'autre de ces pechez ; mais elles ne s'exempteront pas du reproche de s'eſtre temerairement expoſées à les commettre. Et quand par impoſſible leur intention ſeroit bonne, & leur nudité de ſoy-meſme irreprehenſible, quand elles demeureroient pures & humbles parmy les vains applaudiſſemens & les impudiques regards des libertins ; elles ſeroient toûjours coupables des ſales penſées qu'elles inſpirent, & des maux qu'elles cauſent.

XXVI.

C'eſt la doctrine de Tertullien & du grand ſaint Cyprien, aprés leſquels je puis avec juſtice leur adreſſer ces paroles. Si vous marchez avec trop de faſte, ſi vous vous ajuſtez avec trop d'artifice, ſi vous vous habillez de telle ſorte que vous attiriez ſur vous les yeux des jeunes gens, ſçachez que leur ayant preſenté le glaive qui les tuë, & le venin qui les empoiſonne, vous n'eſtes pas innocentes de leur perte, quoy que vous ne l'ayez pas deſirée. Vous eſtes criminelles, bien que vous n'ayez pas vous-meſmes commis aucun crime : & vous ne pouvez pas vous excuſer, ſous pretexte que voſtre ame n'a eſté ſoüillée d'aucune penſée impure, puiſque vos ajuſtemens deshonneſtes

& oculos
in te juvē-
tutis illi-
cias ut et-
si ipsa non
pereas a-
lios tamē
perdas &
velut gla-
dium te
& venenū
præbeas
vidētibus,
excusari
non potes
quasi mē-
te casta sis
& pudica
redarguit
te cultus
improbus
& impu-
dicus or-
natus.

vous accusent, & que voftre nudité fa-
tale à beaucoup de jeunes gens, vous
condamne. Vous eftes l'épée qui a
donné la mort à cet homme, lequel
voyant voftre gorge découverte, a fuc-
combé à la tentation & au peché; vous
eftes comme teintes & comme falies
de fon fang ; pourquoy vous flatez-
vous donc d'eftre fans tache, & d'eftre
innocentes? Vous fera-t-il permis aprés
qu'on vous a averties des funeftes effets que caufe voftre nudité, de vous
rendre volontairement les homicides
d'une ame Chreftienne, fans qu'on
puiffe vous imputer aucune faute, pendant que l'on traite de criminels ceux
qui ne font que les homicides du
corps, & qui le font feulement par imprudence & fans deffein ?

X X V I.

Exod. c. 22.

Souvenez-vous que Dieu ordonna
autresfois par la bouche de Moyfe,
que fi quelqu'un allumoit du feu, qui
par un accident inopiné, & contre fon
intention, brûlaft les gerbes & les
fruits de fon prochain, il feroit obligé
d'en payer tout le dommage : & re-
connoiffez par là, que vous eftes toû-

jours refponfables de tous les maux
que les feux que vous excitez par voftre nudité, caufent dans les cœurs de
ceux qui vous regardent.

XXVII.

Saint Jerofme paffe plus avant ; &
dans fon Commentaire fur Ifaïe , il
nous affure , que fi une fille ou une
femme s'ajufte d'une maniere affez
mondaine pour attirer fur foy les yeux
des hommes, & pour exciter des defirs
illicites, elle commet un crime qui merite quelquesfois une fevere punition,
quoy qu'elle ne faffe commettre aucun
crime, parce qu'elle prepare & prefente un venin qui peut donner la mort,
& que c'eft contre fon attente, ou du
moins contre les apparences, fi perfonne n'en boit.

*Hieron. in
Ifai.*
Quia ve-
nenum at-
tulit fi
fuiffet qui
bibiffet.

XXVIII.

Helas ! felon la doctrine de S. Cle-
ment Alexandrin, il y a plufieurs occa-
fions où un Chreftien peche, à caufe
feulement qu'il ne vit pas d'une maniere affez modefte & affez exemplai-
re pour retenir le libertinage des pecheurs, & pour leur infpirer de la honte de leurs crimes, ou de la crainte des

*Lib. 7.
Strom.*
Nam fi
ita fe gef-
fiffet, ut
jubet ver-
bum feu
ratio, ejus
vitam ita
effet reve-

Jugemens de Dieu. Que peut-on croire de ces filles & de ces femmes, qui
par leurs nuditez deviennent une occasion pressante de peché ; qui bien
loin de reprimer par leur modestie les
sentimens impurs que la concupiscence peut produire à leur veuë dans les
cœurs des hommes, les renouvellent
& les augmentent par leur immodestie ; qui bien loin de s'opposer au libertinage, le favorisent en se montrant
à demi-nuës.

XXIX.

Comme il n'y a rien de plus divin
que d'éloigner les hommes du vice, &
de les porter à la vertu ; il n'y a rien de
plus diabolique que de les tenter,& de
les provoquer au peché;c'est toutesfois
ce que font ces femmes qui se disent si
innocentes. Et de mesme que le Demon n'en est pas moins Demon, c'est
à dire, moins seducteur, moins desagreable à Dieu, & moins digne de
châtiment, lorsque ses tentations &
ses efforts luy sont inutiles, & qu'il
tache vainement de nous seduire; ne
pouvons-nous pas dire avec propor-
tion, que les femmes qui nous tentent

par

par la nudité de leur gorge & de leurs
épaules , ne font gueres moins coupables lorfqu'elles n'excitent aucune
affection deshonnefte, que quand elles infpirent un amour prophane à
ceux qui les voyent.

XXX.

Qu'elles ne rejettent point fur la
foibleffe & fur l'incontinence des
hommes, les pechez dont elles font
la principale caufe. Les hommes font
foibles, il eft vray ; mais c'eft pour cela
mefme qu'elles ne doivent pas les tenter. Les hommes font incontinens, on
ne le peut nier ; mais elles font en cela
d'autant plus coupables , que n'ignorant pas qu'elle eft l'incontinence des
hommes, elles les excitent à l'impureté. Penfent-elles que le precepte d'aimer fon prochain, & de s'intereffer à
fon falut,n'ait efté donné qu'aux hommes ? Pretendent-elles que cette Loy
fondamentale du Chriftianifme , ne
foit pas une Loy pour elles, & qu'il
leur foit permis de la violer avec im-
punité. Elles fçavent, elles avoüent,
elles publient que les hommes fe laif-
fent facilement embrafer d'un amour

G

impudique, & elles s'imaginent ne pas
blesser la charité Chrestienne, & l'honnesteté naturelle , lorsqu'elles se mettent volontairement en estat d'exciter
des feux illegitimes dans leurs cœurs.
N'est-ce pas un aveuglement déplo-
rable , & un aveuglement qui devient
d'autant plus funeste à ces filles & à
ces femmes , qu'il leur cache leur propre foiblesse & leur propre incontinence.   XXXI.

Qu'elles sçachent que si les hommes
sont foibles, elles le sont aussi, & qu'elles ne sont pas moins incontinentes
qu'eux. Qu'elles considerent qu'en
mesme temps qu'elles tentent les hommes, elles s'exposent à estre tentées par
les hommes. Elles les tentent par la
beauté de leur gorge, elles s'exposent
à estre tentées par leur cajolerie & par
leurs complimens ; elles leur inspirent
une passion deshonneste , ils leur ex-
priment l'ardeur de la passion qu'ils
ressentent ; elles les ont charmez par
les yeux ; ils les enchantent par les
oreilles , ils leur rendent , pour ainsi
dire , l'amour qu'elles leur avoient
donné ; & elles le reçoivent toû jours

avec plaisir & sans repugnance, comme une chose qui vient originairement d'elles aussi-bien que d'eux, & qui est un effet de leur merite & de leur beauté. **XXXII.**

Vantez - vous donc tant qu'il vous plaira d'estre fortes & d'estre chastes, ô femmes du siecle ! qui découvrez si librement & si hardiment vostre sein; glorifiez - vous d'estre insensibles à la bonne mine, à la galanterie, à l'éloquence, à la propreté, à la magnificence, en un mot à tout ce qu'il y a de charmant dans les hommes. Il suffit que vous soyez sensibles à vos propres charmes pour estre en danger de perir, puisque c'est par eux qu'ils vous tentent; & vous ne sçauriez desavoüer que vous n'ayez, non seulement de la sensibilité, mais de l'attachement pour vos charmes, puisque vous ne pouvez vous resoudre à les cacher; & que malgré les reproches que vous font la nature & la raison, la Religion & la pieté, vous voulez les faire tous paroistre par la nudité de vos bras, de vostre gorge, & de vos épaules. Si vous ne vous souciez pas

du salut des autres, au moins songez
à voftre salut : Si vous ne faites pas
fcrupule de tenter les hommes, apprehendez d'être tentées par les hommes,
& couvrez ce corps à demi-nû par lequel vous les tentez, & qui leur fert de
fujet & de pretexte pour vous tenter.

XXXIII.

Oüy fans doute, il faut que ces femmes mondaines le confeffent malgré
elles, le peril où elles engagent les
hommes leur eft commun avec eux;
& lorfque paroiffant à demy - nuës,
elles font la fonction d'athletes du
Demon, & qu'elles entrent, pour ainfi
dire , dans la lice afin de combattre
pour fa gloire : elles ne doivent pas
moins fonger à fe defendre qu'à attaquer, & doivent d'autant plus craindre de fuccomber dans ce combat,
qu'elles n'attaquent les hommes qu'a-
vec les armes de l'impureté , & qu'ils
les réattaquent , pour ainfi parler,
avec celles de l'impureté & de la vanité tout enfemble.

XXXIV.

C'eft auffi pour leur feureté autant
que pour la noftre ; c'eft pour leur

salut , autant que pour le salut des hommes, que les Peres de l'Eglise & les grands Hommes , ont de siecle en siecle declamé contre les Bals, les Comedies , & les autres spectacles publics, où les femmes montrent leur gorge & leurs épaules avec plus de liberté & plus d'afféterie. Quelque innocens que soient les spectacles en eux-mesmes , ils deviennent en quelque sorte criminels , tant ils sont dangereux pour les femmes & pour les hommes. Pour les hommes , parce qu'ils leur donnent une liberté entiere , & mesme une grande facilité de considerer à loisir & avec attention la nudité des femmes. Pour les femmes, parce qu'elles y ont une funeste commodité ; & souvent elles s'y trouvent dans une necessité fâcheuse d'entendre les discours deshonnestes des jeunes gens, qui sous pretexte de donner des applaudissemens à leur bonne grace ou à leur beauté , dressent des pieges à leur vertu , blessent & affoiblissent leur pudeur.

XXXV.

C'est ce que les Payens mesme ont *Ovid. Fast.*

reconnu , s'il en faut croire un des plus libertins de leurs Poëtes. Et Tertulien nous assure , que les Censeurs de Rome , qui par le devoir de leur charge estoient obligez de remedier à la corruption des mœurs, & de l'empescher, s'il leur estoit possible, faisoient souvent détruire les nouveaux theatres qu'on avoit dressez pour y assembler le peuple, prévoyant, dit-il, que le libre commerce que les hommes auroient avec les femmes dans ces sortes d'assemblées , deviendroit un commerce d'impureté , & qu'ils se corromproient les uns les autres, n'y venant apparemment qu'à ce desseinavec tant d'affeterie & avec tant de pompe.

XXXVI.

Delà vient, dit le mesme Tertulien, que le grand Pompée aprés avoir fait élever un tres - magnifique theatre, craignant que cela ne fist tort à sa reputation, & qu'on ne l'accusast d'avoir favorisé l'impudicité & le libertinage , nomma son theatre la maison de Venus , & le fit consacrer comme un temple, pour couvrir sa faute sous le voile de la Religion. Mais en cela mesme qu'il consacra son ouvrage à la Déesse de l'amour impudique, il reconnut, ce me semble, que son edifice seroit comme l'azile & la forteresse de l'impureté; &, s'il m'est permis de parler de la sorte, comme l'emphiteatre & l'échafaut, où l'innocence, l'honnesteté & la chasteté seroient immolées. Tant il est difficile que les hommes demeurent innocens parmy des femmes superbement vétuës & à demy-nuës, & que les femmes conservent toute leur pureté dans la compagnie des jeunes gens qui s'étudient à leur plaire, & qui les entretiennent librement de la violence de leur passion. Les uns & les autres cherchent le plaisir dans ces assemblées, les uns & les autres estiment donc & aiment le plaisir : Et comment peuvent-ils éviter les suites funestes de l'affection dereglée de la volupté, dans le temps mesme qu'ils ne songent qu'à la satisfaire. XXXVII.

Je n'ay pas oublié qu'il y a des filles & des femmes qui pensent qu'il leur est permis de découvrir leur gorge, du moins quand elles sont dans

Nemo ad voluptaté venit sine affectu, nemo affectū sine casibus suis patitur. 2 *ert. Deß.cā.*

leur maison, où il n'y a personne que ceux de leur famille, & quand elles sont dans un Cloître où elles ne conversent qu'avec des Religieuses : Car dans ces deux rencontres, disent-elles, nous ne pouvons pas avoir dessein de plaire aux hommes ; & nous ne sçaurions ni causer du scandale, ni inspirer de mauvaises pensées. Il est facile de leur répondre ; que quand il seroit vray qu'en ces deux occasions leur nudité ne pourroit nuire à personne, il suffit qu'elle leur peut estre funeste. Une femme veritablement chaste, ne craint & n'évite pas seulement les yeux étrangers & domestiques ; mais les siens propres : & celle qui s'accoûtume à se voir à demi nuë, s'habituë à n'avoir aucune honte de sa nudité, & se prepare par consequent à la faire voir aux autres sans aucun scrupule. Il n'est pas necessaire pour se rendre coupable qu'elle veüille plaire aux hommes en découvrant son sein, c'est assez qu'elle desire se plaire à elle-mesme; car puisque la complaisance qu'elle a pour sa beauté n'est pas d'une nature differente de celle qu'elle peut avoir pour la beauté des autres, elle n'eft pas moins fenfuelle, & n'excite pas des mouvemens plus innocens.

XXXVIII.

De plus, fi ces filles & ces femmes n'expofent pas leur nudité à la veuë des hommes, c'eft feulement par accident ; & j'ofe dire que c'eft apparemment contre leur intention : Car quelle apparence que le defir & l'habitude qu'elles ont de montrer leur gorge, fe perdent & s'évanoüiffent en penfant qu'un homme la doit voir, & au moment que cette habitude & ce defir doivent vray-femblablement fe renouveller & s'augmenter. Quelle apparence qu'elles refufent l'occafion d'entendre loüer leur fein dont elles font charmées, & qu'elles ne découvrent que pour en conferver, augmenter, ou montrer la beauté ? Quelle apparence enfin que celles qui ne peuvent fe refoudre à avoir la gorge voilée quand elles font feules, s'avifent de la cacher lorfque la volupté, l'amour propre, & la vanité, les follicitent le plus fortement à la découvrir ?

XXXIX.

Mais de qui ont-elles appris, sinon de l'erreur & du mensonge, qu'elles ne peuvent nuire à personne dans leur famille, quoy qu'elles ayent le sein & les épaules nuës ? Ne puis-je pas leur dire avec Tertulien : Ou vous estes mere, ou vous estes fille, ou vous estes sœur : Si vous estes mere, voilez-vous à cause de vos enfans, ne soyez pas un sujet de tentation à vos fils, ne donnez pas un mauvais exemple à vos filles. Si vous estes fille, voilez-vous à cause de vostre pere: si vous estes sœur, couvrez vostre sein à cause de vos freres : Et quelle que vous soyez, sœur, fille, ou mere, voilez-vous à cause des domestiques. Il n'y a ni âge, ni qualité qui exempte un homme d'estre tenté à la veuë d'une belle gorge; & l'inclination que la nature nous inspire pour nos proches, est souvent une disposition à l'amour deshonneste que le Demon nous suggere.

*Oro te si-
ve mater,
sive soror,
sive filia
virgo, ve-
la caput; si
mater pro
pter filios;
si soror,
propter
fratres; si
filia, pro-
pter pa-
tres; om-
nes in te
ætates pe-
riclitātur.
Tert. lib de
virg. ve-
land.*

XL.

De qui peuvent-elles avoir appris, sinon du pere du mensonge & de l'erreur, qu'elles ne scandalisent personne par leurs nuditez, sous pretexte qu'elles se sont retirées dans des Monasteres où elles n'ont presque aucune societé qu'avec des Vierges consacrées à Dieu. Pourroient-elles causer un plus grand scandale dans l'Eglise, que de venir attaquer l'innocence jusques dans son azile, & la chasteté jusques dans son fort ? Les Religieuses se sont renfermées dans le Cloître pour mieux resister au Demon, & aux charmes de la volupté ; ces filles & ces femmes s'insinuent dans les Cloîtres, & par la nudité de leur gorge deviennent les Demons & les tentateurs des Religieuses, les aides & les ministres de la sensualité. Les Religieuses ont preferé une prison perpetuelle à la liberté criminelle que le monde inspire, & se sont renduës les captives de Jesus Christ, pour s'affranchir de la tyrannie du peché ; ces filles & ces femmes entrent à demi-nuës dans cette sainte cloture pour y introduire le libertinage du siecle, & pour ébranler la vocation des Religieuses, pour changer la captivité de ces heureuses Vestales, & pour les rendre les esclaves de la va-

nité du monde, au lieu qu'elles le font
de la Loy de Jesus-Christ Elles follicitent ces Epoufes de noftre Dieu à
luy eftre infideles ; elles renouvellent
dans leur efprit l'idée des plaifirs auf-
quels elles ont renoncé, & femblent
leur faire un tacite reproche d'avoir
quitté le monde pour Dieu, & une
leçon fecrete de quitter Dieu pour le
monde. Penfent-elles ne pas fcandalifer noftre Religion auffi bien que les
Religieufes ? Et peuvent-elles douter
qu'elles ne fervent de fçandale aux Religieufes qui ont une folide pieté, &
qu'elles ne foient caufe du déréigle-
ment, & peut-eftre de la perte de celles qui n'ont qu'une devotion foible
& chancelante.

X L I.

Quelle focieté y peut-il avoir, dit
le grand Apoftre, entre Jefus-Chrift
& Belial ? Et quel commerce y doit-il
avoir entre les Epoufes de Jefus-Chrift
& celles de Belial ; c'eft à dire du monde, qui refufe de porter le joug de
Jefus-Chrift ? Si les femmes du fiecle
veulent vivre avec des Religieufes, il
faut qu'elles vivent à peu prés comme

les Religieuſes ; il faut qu'elles imitent leur modeſtie, bien loin de bleſſer leur pudeur ; il faut qu'elles apprennent d'elles à vivre en Chreſtiennes, bien loin de leur apprendre à vivre en mondaines ; il faut qu'elles s'imaginent que s'il n'y a aucun homme dans les Cloiſtres, les Anges y tiennent la place des hommes ; & que ſi elles ne tentent pas les Anges par leur nudité, elles leur déplaiſent, elles les offenſent, elles les irritent.

XLII.

Aprés celà, que peut-on alleguer pour la juſtification de ces filles & de ces femmes, qui affectent d'avoir la gorge nuë ? Dira-t-on qu'il leur doit eſtre permis de découvrir leur ſein, puiſque l'on approuve qu'elles ayent le viſage découvert, & que c'eſt principalement par la beauté du viſage qu'elles plaiſent aux yeux, & qu'elles touchent le cœur ? On pourroit leur repartir, que ce n'eſt que par condeſcendance que l'Egliſe ſouffre qu'elles marchent ſans un voile ſur la teſte, & que ce relachement de la modeſtie des premieres Chreſtiennes ne peut pas

servir de raison pour se relâcher davantage, & pour se conformer entierement aux vanitez du siecle.

XLIII.

Mais supposons qu'il ait toûjours
esté loisible & bien-seant aux filles &
aux femmes Chrestiennes de paroistre
en public la face dévoilée, on n'en
peut pas conclure, ce me semble,
qu'elles puissent montrer publiquement leur gorge toute nuë. Au contraire, on doit inferer que l'Eglise
leur ayant seulement permis de découvrir leur visage, leur a tacitement
defendu de découvrir leur sein. Et
certes, il y a bien de la difference entre faire voir son sein & montrer son
visage. La societé naturelle, & la communication civile que l'on a les uns
avec les autres, demandent qu'on se
connoisse mutuellement ; & comme
on ne se connoit que par le visage,
elles ont donné un juste fondement à
introduire la coûtume parmy les hommes & parmy les femmes d'aller le visage découvert, quoy que les femmes doivent en user avec beaucoup
plus de précaution que les hommes,

Mais quelle neceſſité y a-t-il qu'elles découvrent leur gorge & leurs épaules? Quel motif peut les y obliger qui ne ſoit criminel? Que peuvent elles par là faire connoiſtre, ſi ce n'eſt ce qu'elles devroient cacher.

XLIV.

D'ailleurs, il n'y a rien qui repugne à la retenuë & à la modeſtie du ſexe de marcher la face dévoilée; & ſi une fille ou une femme paroiſt modeſte en ſe voilant la face, elle peut la paroiſtre encore davantage en faiſant voir une ſainte pudeur ſur ſon front. Elle montre ſeulement qu'elle eſt prude en couvrant ſon viſage; & elle peut de plus nous apprendre à eſtre ſages, lorſqu'elle nous donne la liberté de regarder ce meſme viſage, où les charmes de la douceur naturelle ſont comme ſanctifiez par une prudente gravité, & par une retenuë Chreſtienne. En effet, rien n'eſt plus capable d'inſpirer du reſpect & de l'eſtime pour leur ſexe, que cette chaſte pudeur qui éclate ſur un beau viſage; elle étouffe tous les ſentimens ſenſuels que la beauté pourroit faire naître dans nos cœurs,

& elle la fait fervir d'inftrument à la grace pour moderer nos ardeurs illegitimes, au lieu que le Demon pretendoit en fortifier la concupifcence pour nous mieux enflamer. Les yeux d'une belle femme modeftement baiffez fur là terre, condamnent la liberté indifcrete, & la licence que prennent les jeunes gens de regarder de tous coftez; & l'on peut dire qu'ils repriment & étouffent malgré eux la lafciveté de leurs regards. Enfin, il n'y a rien de plus propre à infpirer de la modeftie aux hommes les plus mondains & les plus libertins, qu'une fille fage & modefte, parce qu'ils fçavent que pour luy plaire il faut qu'ils fe rendent femblables à elle, & rien ne peut mieux les convaincre de fa fageffe que la modeftie qui paroift fur fon vifage.

XLV.

On ne doit donc pas defapprouver que les filles & les femmes marchent le vifage découvert, puifque c'eft par là principalement qu'elles peuvent paroiftre ce qu'elles doivent eftre. Mais par cette mefme raifon on doit blâmer celles qui montrent leur gorge,

parce

parce que cette nudité repugne à la pudeur naturelle aux filles, & empefche non feulement qu'une femme foit veritablement modefte, mais qu'elle la paroiffe. On foubçonnera toûjours que fa retenuë eft feinte, lorfqu'elle portera les marques de l'effronterie, & fa gravité affectée paffera pour une hypocrifie cachée, pendant qu'elle tâchera de donner de l'amour aux hommes, en feignant de negliger & de méprifer leur approbation : Car il y a cette troifiéme difference entre un vifage dévoilé & une gorge nuë, que le beau vifage caufe d'ordinaire de la furprife, & ne donne pas moins de refpect & d'admiration que de tendreffe. Mais un beau fein n'infpire prefque jamais que des fentimens fenfuels, & des penfées deshonneftes, foit parce qu'il n'y peut paroiftre ni modeftie, ni retenuë, ni pudeur comme fur le vifage, foit parce qu'il ne prefente à l'efprit qu'une idée corporelle & charnelle, qui l'appefantit & l'attache d'abord à la fenfualité ; & que le vifage eftant le fiege exterieur de l'ame, & comme fon tableau, occupe, recrée, & fatis

fait suffisamment l'esprit, & par là le
détourne souvent de former aucune
pensée criminelle. Soit enfin, parce
que Dieu ayant égard à cette necessité
presque inévitable où se trouuvent les
filles & les femmes de paroistre quelquesfois le visage découvert, ou pour
se faire connoistre, ou pour approcher
de la sainte Table, empesche que la
beauté de leur visage ne soit aux hommes une occasion de pecher, ni si ordinaire, ni si pressante que la beauté de
leur gorge, qu'elles découvrent sans
aucune necessité, & presque toûjours
par un motif d'amour propre de sensualité ou de vanité.

XLVI.

CINQUIE-
ME EXCU-
SE.

Aprés avoir examiné les excuses
communes aux filles & aux femmes
qui ont accoûtumé d'avoir la gorge
nuë, il est facile de répondre aux raisons que les unes & les autres apportent séparément. La principale ou
plûtost l'unique qui soit propre &
particuliere aux filles, consiste à dire
que Dieu & leur inclination les ap-
pellant au mariage, elles peuvent innocemment se servir de toute leur

beauté pour donner de l'amour, &
pour engager quelque jeune homme
à les rechercher : d'autant plus qu'ils
se conduisent ordinairement par les
sens, & se prennent aisément par les
yeux.

XLVII.

Cette raison seroit peut-estre recevable dans la bouche d'une fille
Payenne, qui ne reconnoit d'autres
loix que celles de la nature corrompuë, & d'une Religion prophane.
Quoy qu'on peut luy objecter avec
justice qu'elle flétrit l'éclat de la virginité dont elle se fait honneur, lorsqu'elle renonce à la modestie , qui
est comme la gardienne de cette virginité. Quoy qu'on peut luy répondre qu'elle se trahit elle-mesme, &
qu'elle fait tort à sa chasteté par sa
beauté propre ; puisqu'une vierge
cesse en quelque sorte de l'estre, lorsque par sa faute elle peut ne l'estre
pas , & que la nudité de sa gorge
qu'elle montre indifferemment à tout
le monde, donne sujet de croire que si
elle est chaste de corps, peut-estre elle
ne l'est pas d'esprit. Quoy qu'on peut

*Ex illo
enim vir-
go definit
ex quo po-
test non
esse. Tert.
de vela.
virg.*

enfin luy reprocher que le trop grand desir qu'elle témoigne d'estre femme, fait presumer qu'elle n'est pas entierement vierge , & qu'elle s'est déja donné plusieurs maris avant que personne se presente pour l'estre.

XLVIII.

Mais une fille Chrestienne peut-elle, sans oublier ce qu'elle est, dire qu'elle cherche un mary par la nudité de son corps ? C'est apporter au mariage une disposition bien contraire à la pureté qu'il demande : puisqu'estant une parfaite image de l'union de Jesus-Christ avec son Eglise , il doit non seulement se contracter sans impureté ; mais se ménager & se traiter par des voyes entierement pures & innocentes, Ce sont les vierges principalement qui ornent l'Eglise , & c'est à l'Eglise principalement à les orner ; c'est à elle & à ses Ministres plûtost qu'à la mode & aux gens du siecle à regler leurs habits & leurs ornemens, leur démarche & leur conduite, parce que c'est à Jesus-Christ qu'elles doivent plaire plûtost qu'au monde : C'est à luy qu'elles doivent

demander un mary , c'est de luy qu'elles doivent le recevoir.

XLIX.

Il n'y en a pas une d'entre elles qui
ne .dise qu'il faut qu'un mariage se
concluë dans le Ciel avant qu'il se
fasse sur la terre. Cependant elles
empeschent que le Ciel ne se mesle de
leur mariage lorsqu'elles employent
pour se marier un moyen aussi impur
qu'est la nudité; & il semble que ce
n'est pas des mains de Jesus - Christ ,
mais de celles d'Asmodée , qu'elles
veulent prendre un époux. Elles ont
recours aux seuls charmes de leur
beauté au lieu de recourir à la priere,
& de là vient sans doute qu'elles perdent l'estime & l'affection de leur
mary à mesure que leur beauté dimi-
nuë. Quelque fieres & quelque or-
gueilleuses qu'elles paroissent , elles
montrent de la bassesse & de la sou-
mission, lorsqu'elles se reduisent jusqu'à se dépoüiller à demi-nuës , afin
de pouvoir plaire à un homme. Et
c'est pour cela peut-estre que Dieu, à
qui cette nudité déplaist , permet
qu'elles trouvent dans cet homme un

Maître qui les maltraite, & non pas
un mari qui les aime.

L.

C'eſt de Dieu ſeul, dit Salomon,
que les hommes peuvent recevoir
pour femme une fille prudente &
ſage, & c'eſt luy ſeul auſſi qui peut
donner à une fille un homme riche,
doux & fidelle pour mary. Et ſi vous
me demandez ce que doit faire une
fille pour obtenir de Dieu ce mary, &
pour mener une vie heureuſe dans le
mariage ; je vous répondray avec le
meſme Salomon qu'il faut qu'elle ſoit
& qu'elle paroiſſe modeſte.

L. I.

A quoy penſez-vous donc filles
Chreſtiennes, lorſque vous bleſſez la
modeſtie par la nudité de vos gorges.
Ne ſçavez-vous pas que quand Dieu
fait les mariages, ce n'eſt que pour
le bon-heur de l'un & de l'autre des
mariez. Et de meſme qu'il donna une
femme au premier homme innocent,
pour avoir ſoin de luy, & pour l'aſ-
ſiſter dans ſon travail, pour dimi-
nuër ſes peines, en les partageant, &
pour augmenter ſes plaiſirs, en y par-

*Domus &
divitiæ
dantur à
parenti-
bus, à Do-
mino au-
tem pro-
prie uxor
prudens.
Proverb.
cap. 9.*

*Finis
modeſtiæ
divitiæ
& gloria
& vita,
Proverb.
16. c. 22.*

ticipant : qu'il donne d'ordinaire un
époux à une fille fage & modefte
pour luy fervir de confolation &
d'appuy pour eftre fon protecteur &
fon pere. Pouvez-vous ignorer que
les mariages font prefque toûjours
mal-heureux lorfque le monde en eft
l'auteur, lorfque la volupté ou la vanité en ont, pour ainfi dire, efté les
negotiatrices, & que les hommes n'y
ont efté engagez que par quelque paffion fenfuelle qu'a excité en eux la
nudité d'une partie de vôtre corps ?

LII.

Vous n'avez qu'à choifir ou d'eftre
vray-femblablement heureufes fi
vous fongez à plaire à Dieu par vôtre
retenuë afin de plaire faintement à un
homme, & d'en faire le témoin &
l'approbateur de voftre modeftie
avant qu'il foit voftre mary : Ou de
vous expofer évidemment à eftre malheureufes, fi fans vous foucier d'acquerir l'eftime de ceux que vous fou-
haittez pour époux, vous tâchez feulement de leur infpirer un fol amour
qui fort d'ordinaire de l'efprit auffi
facilement qu'il y eft entré, & qui

paſſe preſque auſſi-toſt que la joüiſſance du plaiſir qu'il ſe propoſe ?

LIII.

Il n'eſt pas difficile de juger quel party elles doivent ſuivre ſi elles ſont raiſonnables & ſi elles veulent eſtre heureuſes dans le mariage où elles aſpirent. Et l'on peut meſme aſſurer que pour y parvenir elles devroient cacher leurs bras , voiler leur ſein , & couvrir leurs épaules , bien loin de les montrer comme elles font. Les hommes font bien de la difference entre une courtiſane, ou une coquette & une épouſe; ils ayment ces nuditez en celles qu'ils regardent comme des courtiſanes ou des coquettes, ils les deſaprouvent en celles qu'ils deſirent pour leurs épouſes. Rien ne leur plaiſt davantage en une fille qu'une modeſte gravité & qu'une beauté naturelle ſans trop d'art & d'affeterie. Ce n'eſt que leur déreglement & leur paſſion qui approuve quelquefois la nudité des filles , leur raiſon & leur prudence le condamne toûjours. Ils connoiſſent que cela vient d'un meſme principe de vouloir

regarder

regarder une belle gorge, & d'affecter
de la montrer : & comme ils reſſentent
par eux-meſmes qu'il eſt tres-difficile
de la regarder innocemment & avec
plaiſir, ils jugent que cette fille qui ſe
plaiſt à la leur faire voir, n'eſt pas auſſi
innocente qu'elle le veut paroiſtre. Et
comme ils ne peuvent douter que ce
ne ſoit une grande marque de pieté &
de devotion en un jeune homme lorſqu'il rougit à la veuë d'une gorge découverte, & qu'il évite de la regarder;
ils ſont convaincus qu'une fille eſt
pieuſe & devote lorſqu'elle a honte
de découvrir ſon ſein , & qu'elle le
cache également à ſes yeux & à ceux
des autres.　　LIV.

O prudence de la chair que tu es
aveugle, & que tu es trompeuſe ! les
filles du ſiecle pretendent aſſurer &
avancer leurs mariages par la nudité
de leur gorge, & c'eſt par là qu'elles
les different , ou qu'elles les empeſ-
chent. Elles ne ſe ſoucient pas de plaire à Dieu, dans l'eſperance de pouvoir
plaire à un homme ; & Dieu permet
qu'elles paroiſſent moins aimables à
cet homme par cela meſme, par quoy

elles s'efforcent de luy plaire. Elles perdent son approbation & son estime, en voulant surprendre son affection, & elles le rebutent du mariage en voulant l'y engager.

LV.

Elles sçavent aussi-bien que les hommes, que la beauté du sein a cela de propre, qu'elle inspire presque toûjours des sentimens deshonnestes : Pourquoy veulent-elles donc exciter dans les autres ce qu'elles font profession de ne pas ressentir ? Ou pourquoy ne croyent-elles pas que les hommes les soubçonneront d'avoir les mesmes sentimens qu'elles leur veulent inspirer ? Que si elles le croyent, quel est leur aveuglement, de s'imaginer que de la nudité du sein il puisse naitre un amour legitime ? & de se persuader qu'un homme aime une telle disposition dans une fille qu'on luy propose pour estre sa femme.

LVI.

D'ailleurs, lorsqu'elles affectent si fort de montrer tout ce qu'elles ont de beau, & d'augmenter les agrémens de leur visage, en faisant voir la

forme reguliere de leur fein, la blan-
cheur & la delicateffe de leur cou, ne
témoignent-elles pas qu'elles mettent
toute leur confiance en la feule beauté
de leur corps, & qu'elles n'ont ny affez d'efprit, ny affez de vertu pour fe
faire aimer ; ou quelles méprifent la
vertu & l'efprit en comparaifon de
leur beauté ? Penfent - elles que ce
foit un moyen fort judicieux pour per-
fuader à un homme que leur poffef-
fion fera fa felicité , & qu'elles feront
auffi retenuës & auffi prudentes , auffi
fages & auffi pieufes qu'une femme le
doit eftre pour rendre un mary heu-
reux.   LVII.

Il n'y a perfonne dans le Chriftianifme qui ne fçache que les Vierges
font les Epoufes de Jefus-Chrift : &
quand on les confidere en cette qualité , on peut dire qu'elles paffent en
quelque forte en fecondes nopces la
premiere fois qu'elles fe marient. Et
comme on juge de la conduite que
tiendra une femme dans fon fecond
mariage , par celle qu'elle a obfervée
pendant le temps du premier, on in-
fere ordinairement de quelle maniere

une fille vivra avec fon mary, par la
maniere dont elle en a ufé durant fa
virginité envers Jefus-Chrift fon premier Epoux. Si eftant fille elle paroift
fage, modefte, retenuë ; on prefume
qu'elle ne ceffera pas de l'eftre eftant
devenuë femme : fi eftant fille elle ne
fonge qu'à plaire par fon affeterie, &
à acquerir une vaine reputation de
beauté par la nudité de fon corps ; on
apprehende avec juftice qu'elle ne
changera pas d'inclination en chan-
geant de condition ; & l'on fe perfuade qu'ayant beaucoup moins de fujet
d'aimer & de craindre un mary que
Jefus-Chrift, elle ne fera gueres fidele
à un homme, puifqu'elle eft infidele à
Dieu, qui veut bien la reconnoiftre
pour fon Epoufe.

LVIII.

Tertulien a crû que les Vierges, non
plus que le refte des Chreftiens, ne
pouvoient tirer aucune gloire de leur
corps qu'en mortifiant leur chair par
la penitence, & la rendant femblable
à celle de Jefus-Chrift qui a efté dé-
chirée pour noftre falut. Mais il me
femble qu'elles ont cet avantage fur

les autres Chrestiens, que glorifiant Dieu par leur chair en la conservant pure & chaste pour l'amour de luy, elles peuvent par là faire servir leur corps à leur propre gloire : Car qu'y a-t-il de plus glorieux pour une Chrestienne, que de contribuer à la gloire de Jesus-Christ ? Mais pour joüir de cet avantage, & pour offrir à Dieu un corps qui luy plaise, un corps parfaitement pur & chaste, il ne faut pas qu'une fille l'expose à la veuë & aux desirs de tous les hommes comme le corps d'une effrontée, il faut qu'elle le couvre avec modestie : Et ne pouvant pas entierement éviter le danger qu'il y a de voir les hommes & d'en estre veuë, qu'elle évite du moins le mal qu'il y a à les tenter par sa nudité.

LIX.

Elles le devroient sans doute ; & l'on peut dire que leur propre interest les oblige à le faire, puisque par leur peu de modestie, elles donnent moins d'amour que de dégoust & de défiance aux hommes judicieux & sages qu'elles souhaitent pour époux; Et que n'inspirant de la passion qu'aux libertins & qu'aux sensuels, elles travaillent elles-mesmes à se rendre malheureuses en se procurant de tels maris. Elles le devroient, puisque la prudence le demande, la Religion l'ordonne, l'honnesteté & la pieté l'exigent. Elles le devroient, puisque, selon la pensée de l'Apostre saint Paul, Dieu n'a donné une longue chevelure aux filles & aux femmes, qu'afin qu'elle leur servist d'un voile naturel pour couvrir leur gorge & leurs épaules; & que la nature mesme leur imprime un grand desir de conserver pour ce sujet la longueur de leurs cheveux, afin qu'elles ayent toûjours dequoy se voiler, lorsqu'elles seront surprises par les regards de quelque curieux.

Nonne ipsa natura docet vos quod vir si comam nutriat ignominia est illi, mulier vero si comam nutriat gloria est illi. I Cor. c. 11.

DERNIERE
EXCUSE.

LX.

Ces raisons me paroissent assez fortes pour pouvoir persuader aux femmes aussi-bien qu'aux filles, de couvrir leurs nuditez; il y en a plusieurs toutesfois qui ne veulent pas y acquiescer, & qui pretendent qu'elles peuvent sans scrupule découvrir leur gorge, sous pretexte que c'est pour plaire à leurs maris. Mais elles ne

prennent pas garde qu'ayant recours
à cette derniere excuſe, elles avoüent
tacitement malgré elles, que toutes
les autres leur ſont inutiles; & eſtant
obligées pour juſtifier leur procedé,
d'alleguer l'obeïſſance ou la complai-
ſance qu'elles doivent à ceux que Dieu
leur a donné pour Superieurs, elles
confeſſent ſans y penſer, qu'elles font
une choſe que leur raiſon ne peut defendre, quoy que leur paſſion l'excuſe.
Lors qu'Adam dît à Dieu, que c'eſtoit
pour plaire à ſa femme qu'il avoit
mangé du fruit defendu, il avoüa ſon
crime en s'excuſant de la ſorte. Et
quand les femmes diſent qu'elles découvrent leur ſein pour ſatisfaire leurs
maris, elles reconnoiſſent & confeſſent
leur faute en voulant la rejetter ſur un
autre.　　　LXI.

Je voudrois de plus leur faire remarquer, qu'afin que cette excuſe fûſt
legitime, il faudroit en premier lieu
qu'elles fuſſent aſſurées que c'eſt la
volonté de leurs maris; ce qui n'eſt pas
ſi aiſé qu'elles ſe l'imaginent. Un mary n'eſt pas moins jaloux de la pureté
de ſa femme, que de ſon propre hon-

neur ; & comme, s'il est prudent, il ne s'expose jamais à perdre son honneur, il n'y a pas d'apparence qu'il souhaitte que sa femme s'expose à perdre son innocence. Un mary s'interesse toûjours à la reputation de sa femme ; & s'il est judicieux , il voit bien qu'elle se fait tort quand elle s'habille à la mode des femmes entierement mondaines & libertines. Un mary , dit Tertulien, n'ignore pas quels sont les charmes de sa femme ; il n'a pas besoin qu'elle les luy montre à toute heure , & peut-estre mesme doit-il souhaitter qu'elle ne fasse pas voir à tout le monde par la nudité de son sein, ceux qui ne devroient estre connus que de luy seul. LXII.

Il y a bien de la difference entre ce que le mary tolere , & ce qu'il desire. Un mary qui a de l'honnesteté, de la douceur, & de l'amour pour sa femme , souffre sans aucune inquietude & sans se plaindre , qu'elle découvre sa gorge ; mais il ne s'ensuit pas qu'il le souhaitte & qu'il l'ordonne. Cependant, si ce mary ne témoigne point à sa femme qu'il veut qu'elle aille ainsi

découverte, & s’il le fouffre feulement,
c’eft à tort qu’elle allegue pour fa defenfe la volonté de fon mary , puifqu’au lieu de fe conformer par refpeᶜᵗ
à fes defirs comme elle voudroit faire
croire, c’eft luy qui par bonté s’accom-
mode à fon humeur.

LXIII.

En fecond lieu, fi ce n’eft que pour
plaire à fon mary qu’elle découvre fon
fein , pourquoy le découvre-t-elle ailleurs que devant fon mary ? En troifiéme lieu, fuppofé mefme que fon mary luy commandaft d’aller en public la
gorge découverte , elle devroit le faire
par pure obeïffance pour le faire innocemment ; elle devroit le faire avec
quelque repugnance fecrette , con-
noiffant le danger où elle s’expofe ,
& où elle expofe ceux qui la regar-
deront. Que fi au contraire elle le fait
avec joye & avec plaifir , c’eft une
marque évidente qu’elle fonge moins
à obeïr à la volonté de fon mary, qu’à
fatisfaire la paffion qu’elle a de paroi-
tre belle , & de donner de l’amour.
Quand fon mary luy ordonne quelque
chofe qui repugne à fon inclination ,

elle trouve bien les moyens de luy faire changer de sentiment ; & vray semblablement elle n'obeïroit pas avec tant de promptitude & de facilité, s'il luy ordonnoit de couvrir sa gorge.

LXIV.

Qu'elle n'allegue donc plus pour pretexte de sa nudité la complaisance qu'elle a pour son mary : & si elle le considere autant qu'elle doit, qu'elle affecte de paroistre la gorge & la face voilée, puisque par ce moyen, dit le grand Apostre, elle montrera qu'elle est veritablement & volontairement soûmise à l'autorité de son mary : Car du temps de saint Paul, quand une fille se marioit, on luy mettoit un voile sur la teste & sur les épaules, pour marquer qu'elle passoit sous la puissance de son époux, & qu'elle cachoit pour tout autre que luy son visage & son sein. De là vient que Dieu mesme dans le Prophete Jeremie, dit qu'une femme mariée ne doit jamais oublier le voile qui luy cache le sein, non plus que les filles n'oublient pas de se parer.

LXV.

Si les femmes se souvenoient du

conseil que leur donne S. Pierre, de travailler à la conversion de leurs maris par leur modestie exterieure, & par leur conversation pure & chaste, pour me servir de ses termes : Elles ne souhaiteroient pas de fomenter les feux de leur concupiscence, paroissant devant eux en habit & en posture de courtisanes. Si elles faisoient reflexion qu'elles flattent ou entretiennent le libertinage de leurs maris, qu'elles les accoûtument à se plaire, & à rechercher à voir de semblables nuditez en leur montrant leur gorge nuë, elles cesseroient de le faire par leur propre interest, de peur de les disposer à leur devenir infideles en voulant de plus en plus les engager. Enfin, si elles consideroient que leur veritable gloire dépend plus de leur vertu que de leur beauté, elles affecteroient plus de paroistre modestes en couvrant leur sein, que belles en le découvrant. Et peut-estre mesme que la reputation de leur beauté seroit plus grande si elles la rendoient moins commune, si elles en voiloient une partie. Au moins leur beauté en seroit moins suspecte d'affecte-

rie , & les loüanges qu'on leur don-
neroit plus pures ; parce qu'on ne
trouveroit en elles rien d'immodeſte,
& qu'on y trouveroit tout beau.

LXVI.

Si tout ce que j'ay dit ne ſuffiſoit pas
pour prouver que la nudité du ſein eſt
blamable & nuiſible , & pour répondre aux excuſes qu'apportent les filles
& les femmes , il ne me ſeroit pas difficile de les convaincre par de nouvelles raiſons , & par pluſieurs autoritez.
Mais afin que ce Traité leur ſoit utile
ſans eſtre ennuyeux , il faut finir , en
conjurant celles qui ſe piquent d'hon-
neſteté & de vertu , de prendre garde
que par leurs nuditez elles ſe confor-
ment ſi fort aux courtiſanes , qu'il n'y
a preſque que Dieu ſeul qui puiſſe
connoiſtre la difference qui eſt entre
les unes & les autres. Pourquoy imi-
tent-elles dans la maniere de s'ajuſter
celles dont elles condamnent les actions ? Ou plûtoſt pourquoy imitent-
elles les actions & l'exterieur de celles
dont elles blâment le dereglement &
la conduite. Elles leur ſont ſemblables
en ce qui paroiſt , & pretendent leur

estre fort dissemblables en ce qui ne paroist pas. Quel jugement peuvent en faire les hommes, qui ne jugent que sur ce qu'ils voyent.

LXVII.

Ne doivent-elles pas trembler, sçachant que de temps en temps plusieurs Prelats ont ordonné qu'on refusast les Sacremens de la Penitence & de la Communion à toutes les filles & à toutes les femmes indifferemment qui auroient les bras, la gorge & les épaules découvertes, & qu'ils leur ont defendu, sous peine d'excommunication, de venir en cet estat au pied des Autels, & mesme d'entrer dans les Eglises.

LXVIII.

Ne doivent-elles pas fremir de crainte, considerant que la pluspart des courtisanes ne sont devenuës impudiques dans leurs mœurs, que parce qu'elles ont esté immodestes dans leurs habits ? Qu'elles ont commencé à montrer leur corps avant que de le donner ; & s'il m'est permis de parler de la sorte, qu'elles ne l'exposent en vente, que parce qu'elles l'ont trop librement exposé à la veuë des libertins.

LXIX.

Similiter
& mulie-
res in ha-
bitu or-
nato.
1. Ad Tim.
cap. 2.

Il est vray que la Religion Chre-
tienne permet aux filles & aux femmes de se parer & de s'orner suivant
leur qualité & leur condition ; mais
elle veut que ce soit sans afféterie &
sans excés, pour la bien-seance, & non
pour le luxe : Elle leur a toûjours defendu de faire servir au libertinage &
à l'immodestie, les ornemens dont elle a apprové l'usage pour mieux faire
paroistre leur retenuë & leur pudeur ;
& elle a toûjours marqué de l'aversion
& de l'horreur pour ces nuditez de
bras, de gorge & d'épaules, qui repugnent également à l'honnesteté naturelle, & à la pieté Chrestienne, aux
lumieres de la raison & de la grace, aux
Loix de l'Evangile & de la Politique,
aux sentimens de l'honneur, à l'instinct
de la nature, & en un mot à la gloire
& à l'utilité mesme des filles & des
femmes.

F I N.

ORDONNANCE

de Messieurs les Vicaires generaux de l'Archevesché de Toulouse, le Siege vacquant.

Contre la nudité des bras, des épaules, & de la gorge, & l'indecence des habits des femmes & des filles.

LEs Vicaires generaux de l'Archevesché de Toulouse, le Siege vacquant : A tous ceux qui ces presentes verront, Salut. Entre tous les déreglemens & tous les abus dont l'Esprit malin a tasché dans les premiers siecles de l'Eglise, de corrompre la pureté des mœurs des Fideles, il n'y en a point aucun contre lequel les saints Peres ayent exercé leur éloquence, & parlé avec tant de force & tant de vigueur, que contre les vains ornemens & les parures indecentes des filles & des femmes. Ces mesmes dereglemens ont passé jusques à nous ; & comme si la succession leur avoit acquis quelque droit de fe montrer, ils paroiffent avec une audace qui n'appartient qu'aux vieux crimes. On voit encore des filles & des femmes Chreftiennes, qui oubliant le renoncement qu'elles ont fait lors du Baptefme, à la face de l'Eglife, à toutes les œuvres & à toutes les pompes de Satan, & violant toutes les loix de pudeur, mettent toute leur adreffe, & employent tout leur temps à ajufter leurs teftes de cheveux empruntez, & à preparer avec foin dans la nudité de leurs bras & de leur gorge, des pieges aux Ames que Jefus-Chrift a rachetées par fon Sang. On les voit avec un luxe exceffif, & une immodeftie qu'on condamneroit mefme parmy les Payens, paroiftre en public d'une maniere fi fcandaleufe, qu'à juger de leurs intentions par la liberté de leurs regards, par la forme de leurs habits, & par tout cet appareil de vanité qui les environne, on ne fçauroit s'empefcher de les juger criminelles ; puifque felon le fentiment d'un Pere de l'Eglife, ce font autant de glaives tranchans qui donnent la mort fpirituelle aux Ames des liber-

tins,

tins, qui s'empoisonnent par les yeux, & qui deviennent les miserables victimes de l'impudicité. Comme cet esprit les accompagne par tout, elles ne se contentent pas d'élever (selon le langage d'un Prophete) l'enseigne de la prostitution dans les ruelles, dans les promenades, & dans les carfours ; elles viennent encore par une temerité & un aveuglement insupportable, braver Jesus-Christ jusqu'au pied de ses Autels, & violer (pour ainsi dire) l'immunité des Eglises, portant par la nudité de leurs bras & de leur gorge, le feu de l'amour impur, dans les cœurs des Fideles qui s'y retirent, comme dans des aziles consacrez à la priere & à la sainteté.

Les Tribunaux mesmes de la Penitence, qui devroient estre arrousez de leurs larmes, & la sainte Table où le Pain des Anges ne doit estre distribué qu'à ceux qui sont revétus de la robbe nuptiale de l'innocence & de l'humilité, sont honteusement prophanez par ces pompes du Demon, & par ces livrées du monde, qu'elles y font triompher de la modestie Chrétienne.

K

Tous ces defordres, qui ne font que trop publics, joints à la voix des Predicateurs, dont les plaintes font venuës jufqu'à nous, ne nous permettant pas de demeurer plus long-temps dans le filence, Nous avons jugé devoir arrefter un mal qui fait tous les jours de nouveaux progrés.

A CES CAUSES, & pour détourner de ce Diocefe les fleaux dont la Juftice de Dieu châtie ordinairement les fcandales publics, & la prophanation des chofes faintes, Nous enjoignons aux Confeffeurs feculiers & reguliers, fur peine de fufpenfion, de refufer les Sacremens à celles qui porteront les bras nus, ou la gorge, ou les épaules découvertes, & dont la nudité ne fera pas modeftement cachée par des toiles qui ne foient point tranfparentes : De laquelle nudité des bras, de la gorge, ou des épaules, comme d'un peché public & de fcandale, Nous nous refervons à nous feuls l'Abfolution, à l'égard de celles qui aprés la publication de la prefente Ordonnance, continueront dans un ufage auffi damnable que celuy-là.

Nous defendons aux femmes & filles de toute condition, fur peine d'excommunication, d'entrer dans les E-
glifes, & de fe prefenter aux Sacremens
en cet eftat d'immodeftie & d'indecentes, d'y faire porter la queuë de
leurs robbes, & de fe placer dans les
Prefbyteres. Et parce que les Loix de
l'Eglife demeurent fouvent fans aucun effet, à caufe de la dureté de fes
Enfans, dont la plufpart font bien
moins touchez des motifs de leur devoir, que de la crainte des peines
temporelles; Nous exhortons & con-
jurons par la mifericorde de Dieu,
ceux à qui fa Providence a commis
l'autorité fouveraine de la Juftice pour
la difcipline exterieure, de renouveller
la force & la vigueur des Arrefts, que
leur zele & leur pieté les ont fouvent
portez à rendre en de pareilles rencontres pour le foûtien des Ordonnances
de l'Eglife; afin que non feulement les
Temples materiels ne foient pas pro-
fanez par ces marques de luxe & de
vanité; mais encore que les Temples
vivans du faint Efprit foient édifiez en
tout lieu, par l'exemple d'une mode-

ftie & d'une humilité vrayment Chreftienne.

Ordonnons à tous les Curez & Superieurs Ecclefiaftiques des Maifons
feculieres & regulieres de la Ville &
du Diocefe, de tenir la main dans
leurs Eglifes, à l'execution de noftre
prefente Ordonnance, par les moyens
qu'ils jugeront les plus convenables.

Enjoignons au Procureur Fifcal de
la faire publier aux Profnes des Eglifes
Paroiffiales de la Ville & du Diocefe,
pendant les trois Dimanches qui pre-
cedent la Fefte de Pafques, & d'en faire
diftribuer promptement des copies
aux Superieurs des Maifons feculieres
& regulieres du Diocefe. Donné à
Touloufe, le 13. du mois de Mars 1670.
Signé, CIRON, Vicaire general. Du
FOUR, Vicaire general. DE LA FONT,
Vicaire general. DESTOPINYA, Vicaire
general.

Du Mandement defdits Sieurs
          Vicaires generaux,

BAUVESTRE, Secretaire.